泉 房穂

勝ちにいく覚悟

講談社+α《プラスアルファ》新書

はじめに

選挙は美しい!

私は、選挙が大好きです。涙が出るほど好きです。雄大な富士山も美しいと思いますが、それ以上に選挙は美しいと思います。

選挙の美しさは、徹底した等しさにあります。貧乏人も超金持ちも、零細漁師の小倅《こせがれ》も、どこぞの政党幹部も同じ1票。エリートまっしぐらの霞ヶ関の官僚も大企業の御曹司もコツコツ働きながらまったく報われない人も、誰もが同じ1票。まさに顔の違う一人ひとりすべてが等しく1票を持っているわけです。そして、数から言えば大金持ちや有力者よりも庶民の方が圧倒的に多い。ここに選挙の可能性がある。社会を変える突破口があるのです。

冷たい社会を何が何でも変えてやるという誓いを立てた10歳の時から、私は、この可能性に賭けて生きてきました。有力者のコネも後ろ盾もいらん。誰もが命に等しい1票を持っているんや。どっちの方が人数が多いねん、という話です。

苦労しても報われない庶民、悔しい思いをしながら歯を食いしばって生きている庶民の方が多数派であるという現実。だからこそ、庶民を本気で信じれば、社会は必ず変えられる。それが一人1票という選挙の美しさの根幹です。

さらにいうと、投票の等しさは、現実社会において極めて珍しい、ほかに類を見ないような完璧に平等なシステムだということ。人間は誰もが平等だと、いくらきれいごとを言ったところで、現実は違うということを誰もが知っています。スタート地点でゲタを履かせてもらっている人と、重たいハンデを背負わされている人がいる。生まれ落ちた瞬間からすでに不平等なスタートラインに立たされており、社会に出てからも、さまざまな形で不公正な事態に直面します。

それぞれの人に対して公正な評価が下される組織など、実際にあるでしょうか。誰に気に入られたとか、どこのグループと仲良くなったとか、現実はそんなことで出世が決まっていくような組織ばかりではないでしょうか。人事評価の多くがブラックボックス化しています。それぞれの人を公正に評価するシステムが機能している集団を見つける方が難しいでしょう。

大学の学長選などは、その代表例かもしれません。教授会で一応投票は行われますが、そこで一番たくさん票を得た人が必ずしも学長になるわけではない。投票数は〝参考〟として処理され、その後の話し合いと〝総合的な判断〟の結果、前学長が指名した後継者が登用されたりすることもある。まさにブラックボックスです。

ところが、選挙だけは違います。どんなゲタを履かせてもらっている人も、どんな重荷を背負わされている人も、どんなに不器用な人も、どんなに要領のいい人も同じ1票を持っている。

一人1票を投じて、その投票用紙の数を数えて多い方が勝ち。実にシンプルなシステムです。どこにも力の勾配が存在しない。10人の人が投票したら10票。それ以上でもそれ以下でもない。あいつはどこかの有名人の子だから2割増しにしようとか、あいつは顔がいいから、ちょっとゲタを履かせたろ、などといった忖度《そんたく》は一切ありません。数が多い方が勝ち。そこにブラックボックスはありません。不公平だらけの社会において、極めて珍しく明快な平等さ。

投票用紙のカウントは大勢が見守る開票所で厳正に行われ、「数え間違いがあるかもしれない」と不服申し立てをすれば、もう一度全部数え直しをしてくれる場合もあります。これほどオープンな評価システムはありません。

「確かに、票の数はお前の方が多いけど、お前、市役所の職員にも嫌われてるし、議会とも仲良くできないだろうし、忖度もしないからトラブルの元や。明石の街を考えたら、お前がやらない方がいいと思ってる人も結構多いから、お前はナシだわ」というようなシステムであったら、私は明石市長になることはできなかったでしょう。私の最初の明石市長選挙は、69票差という稀に見る僅差で、投開票の日は日付が変わっても勝敗がわからず、2011年統一地方選挙の最後の「当確」となりました。

しかし、たった69票の差であっても、勝ちは勝ちなのです。

誰でも立候補できる尊さ

もう一つ大切なのが、年齢の条件はあるけれども誰もが立候補できる制度であるということ。もちろん供託金は必要ですが、その上で、自分の決断一つで立候補が可能です。有力者とのコネがなくても、政治家の家系に生まれていなくても、立派な肩書などなくても、立候補を妨げるものはありません。

このシステムは、決して当たり前のものではありません。軍事独裁政権において、あるいは表向きは民主主義国家と名乗っていても、立候補への扉が平等に開かれていないような国はいくつもあります。日本は、マスコミやSNSで叩かれることはあっても、だからといって「お前は立候補してはいけない」とは言われません。

私みたいな変わり者に対して「お前はほんまにおかしなヤツだから、あかん」と専門家を名乗るような人々が出てきて、周りの人間が私を羽交い締めにして、「こんな危険な人物は選挙に出したらあかんで」となるのではないか、と今でもふと思ったりするのです。

しかし、さいわいなことにそのような事態に陥ることもなく、私はこれまでに6回（衆院選2回、明石市長選4回）選挙に出てきましたし、今もまた、国政でなすべきことを見据えて、決意を固めています。このような公正な選挙権・被選挙権があるということの尊さを噛《か》み締《し》めます。

その上で、選挙に出るだけでは意味がありません。出馬して話題づくりができればいい、という考えの人もいるようですが、私は勝たなければならないし、勝ち続けなければなりません。なぜなら、勝つことが私のゴールではないからです。それは、あくまでもスタート地点に過ぎません。

先進国の中で、どうして日本だけが30年も成長できずにいるのでしょうか。給料は横ばいで、むしろ税金や社会保険料や諸負担の増加、さらに物価高に直撃されて、使えるお金は減り続けています。働いても働いても一向に生活は楽にならず、将来への希望も笑顔も生まれてこない。日本がこんな悲惨な状態に陥っているのはなぜなのか。足りていないのはお金ではなく政治家の覚悟と決断力なのではないか。

霞ヶ関の官僚と永田町の政治家とのもたれ合いによるリーダーシップの不在や、横並びの地方行政など、制度疲労を起こして機能不全に陥っている政策に大胆にメスを入れ、国民の生活を守る方向への転換を実現させていかなければならない。重たい負担に押し潰されて溺れそうになっている人たちを救い、冷たい社会を温かい社会に変えていかなければならない。予算を大胆に組み替えて国民の負担を軽くし、安心と安全を取り戻して庶民が使えるお金を増やし、それにより経済が健全に回っていくような持続可能な社会を作り上げていかなければならない。

そのために、私は勝ち続ける必要があります。「勝ちたい」のではない。今にも押し潰されそうになっている一人ひとりの命と暮らしを守るために、「勝たなければならない」

のです。

「私たち」が社会を変えていく

そして、私一人では勝てません。「私たち」は、庶民の力で勝っていくのです。なぜなら、「世の中」を少しでもマシなものに作り変えていくのは、「私たち」だからです。口を開けて待っていたら、どこかから神様みたいなすごい人が現れて、優しい社会に作り変えてくれるなどということはありません。「私たち」が選択して変えていくしかないのです。

その上で、「私たち庶民の力で勝つのだ」と激しく情熱を燃やしているだけでは、現実の選挙を「勝ち抜いて」いくことはできません。そこには、情熱の激しさに比例するような、冷静で緻密な現状分析と戦略が必要です。燃える情熱とともに、どこまでも冷静に状況を見極め、「勝ち」を取りにいくための緻密な戦略を立てることが必要です。情熱と冷静の絶妙なバランスと緻密な戦略。その詳細については本文でひもといていきましょう。

一人ひとりバラバラにされたままでは小さくて弱い「私たち」ですが、命に等しい1票を武器に、情熱と緻密な戦略をもって、未来に希望が持てるような公正な世の中に変えていく。私は、そのために命をかけると10歳の時に誓いました。自分と家族の前に立ちはだかる冷たく不条理な社会の壁を打ち壊し、冷たい社会を優しい社会に変えるために自分の人生を捧げると覚悟を決めたのです。

こうして言葉にすると、やはり「どうかしている」と思う人もいるでしょう。でも、これが私の原動力のすべてです。そして、私たち一人ひとりが力を合わせれば、社会は変えられます。

一緒に社会を変えていく。そのために「勝ちにいく覚悟」を固める。この本を通じて、そんな覚悟を共有できる仲間が一人でも増えることを願って、書き進めていきたいと思います。

2025年6月　泉房穂

目次

はじめに——3
選挙は美しい！
誰でも立候補できる尊さ
「私たち」が社会を変えていく

第1章 「勝ち」は目的ではなく「その先」への入り口にすぎない——17
政治家復帰を決めた理由
役所の壁の向こうにいる市民を信じきれるか
支持者の希望が失望に変わり怒りへ
コア層の向こう側に届けたい

『泉房穂の情熱ラジオ』始まる
政権交代の気運高まらない政界に危機感
恩師・石井紘基から受け継いだもの
妻が私に突きつけた「勝つか死ぬか」
どこの誰にどんな言葉を届けるのか
弟とともに死のうとした母
どこかに溺れかけている人がいる
傲慢さに無自覚なエリートたち
政治と選挙は誰のためにあるのか

第2章
選挙《しょうぶ》には、それまでの人生がすべて出る

人生最初の選挙
皆さんではなく、私たち

ひとりで歩く弟の姿が教えてくれたこと
直感と共感が人を動かす
下手くそな演説だからいい
「君はまず弁護士になれ」
司法研修所で立ち上げた手話サークル
手段としての「市長」
冷たい街を温かい街に変えていく
マスコミは相手の圧勝を信じていた
「こいつを見捨てられへん」
父のすごさを知った
あの時の少女が助けてくれた
『みなしごハッチ』の大好きなシーン

第3章　情熱と戦略のあいだ——95
選挙は3つに類型化できる

コツコツ数字を伸ばす「棒グラフ選挙」
属性などで割合を読む「円グラフ選挙」
文字通りの一騎打ち「シーソー選挙」
「28対27」の法則
小泉郵政選挙で吹き荒れた突風
河村たかしさんの嗅覚
妻は最高の選挙参謀
なぜ落下傘候補を引き受けたのか
「お前の勇気に1票や」
いよいよ明石市長選挙に照準を絞る
どこにいても神戸新聞の明石版を読み続けた
公選法を知るべき理由
冷静に緻密に計算している

第4章 明石市民の会の快進撃——137

院政を敷く気はさらさらなかった
ジェンダーギャップの解消
中川夏望さんとの出会い
市議会選挙は「棒グラフ選挙」
華やかな外様候補には「空中戦」が合う
一人が勝ちすぎないほうがいい
ポスターがどれほど大切か
「高校中退の苦労人」候補の強み
お金などなくても選挙は戦える
「向いていない」と自覚する人ほど向いている
地域密着型の選挙
心ある福祉士の「業界限定選挙」
スポーツマンの「チャリンコ選挙」
なぜ県議選にも1人立てたのか
ただ勝つのではなく「圧勝」が必要だった
私の後継を決める明石市長選挙

12時間ぶっ通しで演説を続けた

第5章　再び国政の場へ――189

「私たち選挙」の横展開
本来の魅力を発揮できていない街
「やります」ではなく「やった人」の言葉
必要なのは「社会を下支えする」という政治のメッセージ
官僚に任せると財政は肥大化していく
財源は「ない」のではなく「作る」
明治維新以来の令和の大改革
物語性のある勝ち方が次の展開につながる

おわりに　212

第1章

「勝ち」は目的ではなく「その先」への入り口にすぎない

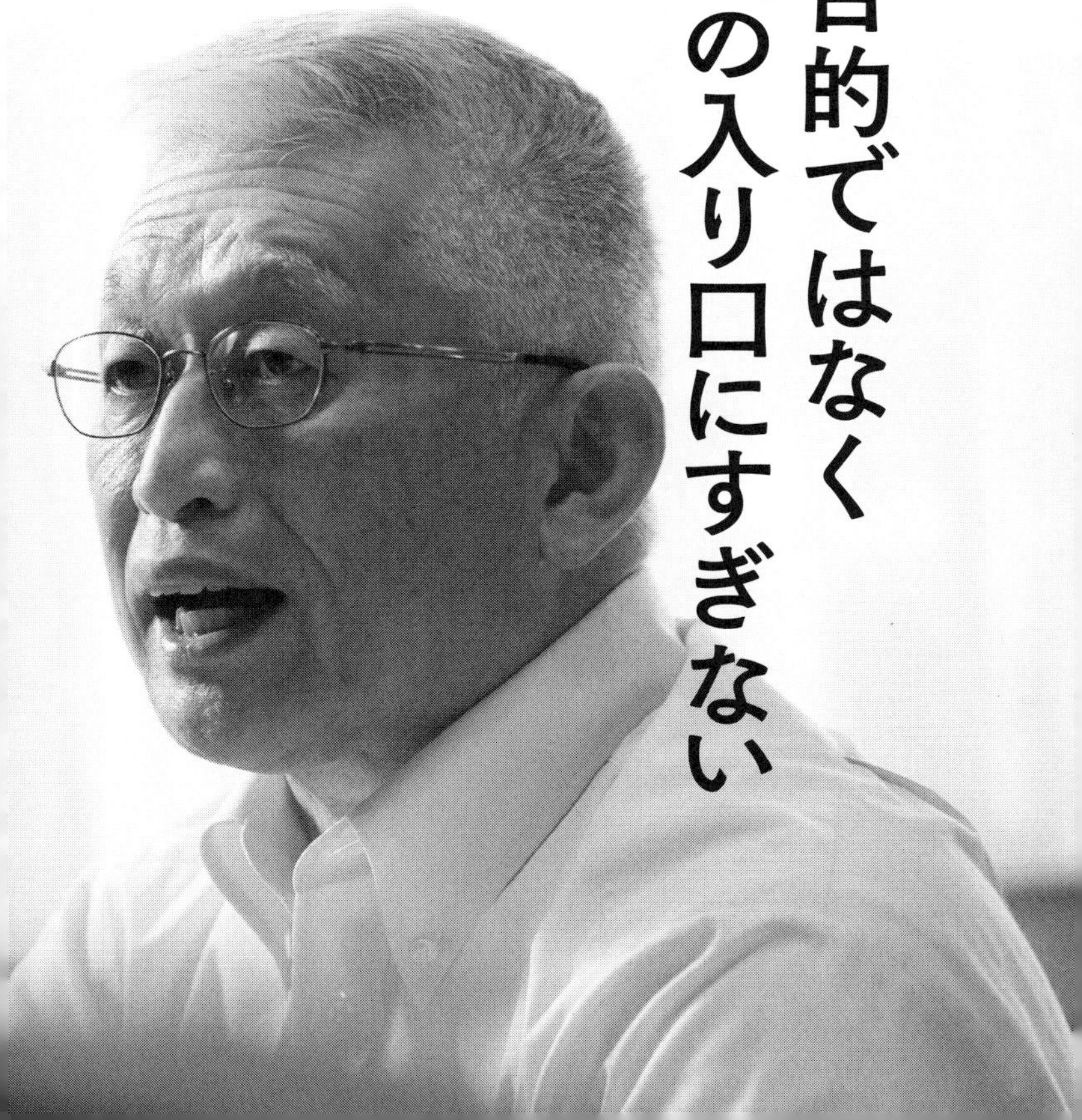

政治家復帰を決めた理由

2025年3月24日、私は再び国政に挑む決意を表明する記者会見を開きました。無所属で立つこと、国民の負担増の政治をやめて、国民の生活を守る政治に転換させるために、党派を超えた大同団結を目指すのだと説明した私に、会場の記者の皆さんからは「新党を結成するのか」「総理大臣のポストを自分が狙うのか狙わないのか、狙うのなら衆院選に出るべきではないか」などの質問が相次ぎました。

つい「総理大臣は誰でもいい。国民の苦しみを理解し、その負担を減らし、使えるお金を増やすという政策を共に進めることのできる仲間であれば、総理大臣なんて誰でもいいんだ」と荒っぽい言い方をしてしまったので「総理大臣を超える権勢を手にして、首相を自分の意向のままますげかえるようなイメージに聞こえる」と突っ込まれてしまいましたが、私が言いたかったことは、「本気で政策転換をやるための仲間を一人でも多く増やしたい」ということ。大臣のポストだの、総理大臣の椅子だの、ましてや党勢の拡大だとか、そんなところに私の目的はありません。

2023年春、明石市長の3期12年を終えた私は、ある種の満足感に満たされていました。10歳でこの不条理な世の中に対する強い怒りをたぎらせ、こんなろくでもない世の中をどうにかしたい、いつか必ず明石市長となって冷たい明石の街を温かい街に作り変えるのだと心に誓って生きてきた。そして2011年の明石市長選挙に立候補し、主要政党や業界団体がすべて相乗りしたような大本命の相手候補を僅差で破り、明石市政改革を実現できるポジションに辿り着いたのです。

困った時に助け合えるような街、「我が街明石」と市民が胸を張って誇れるような街にしたいと思って3期12年、死に物狂いで明石市の改革に取り組みました。

緊急に必要ではない事業の見直しを行い、予算と人員を大胆に組み替えて財政を黒字化させた。子育て世代への支援や福祉政策に軸足を置きつつ、商店街にも高齢者にも、あらゆるステークホルダーに市の財政の黒字化の恩恵が行き渡るようにしました。結果、減少が続いていた市の人口を増加に転じさせ、合計特殊出生率も兵庫県トップに押し上げた。

1期目こそ、それらの数字にさほど目を向けてくれなかった市民が、2期目には明らかに自分たちの暮らしが楽になったという実感を得て、この市長、なんや口は悪いしメチャクチャ変な奴やけど、ほんまに市民の生活をなんとかしようと思って孤軍奮闘してくれてるんやな、という理解と共感が広がった。明石市民が自分の街への誇りを取り戻し、暮らしの中に安心と笑顔が広がり、「困ったときはお互いさま」「助け合い」の空気が自然と生まれ、街の温度が変わりました。

「子育て支援政策は、子どものいないあなたのための政策でもある、この明石全体の希望につながる政策なんです」と言い続けてきて、当初は「ほんまかいな」と半信半疑だった市民たちから、「市長、ほんまやな。信じて待ってた甲斐《かい》があったわ」と声をかけられることが増えた。たくさんの市民から「市長、ありがとうな」と声をかけられるたびに、市民から「応援してます」と言われる首長は数多くいるだろうけれど「ありがとう」と言われる首長は、日本広しといえどもそんなに多くないのではないかと思い、つくづく市長冥利《みょうり》に尽きると思いました。

第4章で詳しく書きますが、私が市長を引退する際も、明石市政の方針を持続しやすい状態にして次の市長に引き継げるよう、「明石市民の会」を立ち上げ、市議会、県議会、市長選挙において、擁立した仲間たち全員の勝利を勝ち取ります。

一方で、3期目の最後の1年、私のところには「辞職しなければ殺す」という140通を超える殺害予告メールが届いていました。普通ならば、そんなメールが次々に送りつけられたら不安でいっぱいになるところですが、当時の私は、「やるべきことはやってきた。今何が起きても人生に後悔はないな」という充実感しか湧いてこなかった。不穏なメールに動揺もしていない自分に我ながらびっくりしました。本当に自分はやりきってきたのだなと思いました。

私が市の予算を大胆に組み替えたことで、予算や人員を減らされた業界の関係者からは相当な恨みを買っており、当然ながらその分野に連なる族議員や団体とも少なからぬハレーションが起きていましたので、そうした脅しにはすでに慣れていたという部分もありました。いずれにせよ、すでに一生分の仕事をした、10歳の自分に恥じないように生きてくることができた。もしここで自分に何かあったとしても我が人生に悔いなし、と本当に思いました。ですから正直なところ、自分としては政治家人生に一区切りをつけた、という気持ちになっている部分がありました。

役所の壁の向こうにいる市民を信じきれるか

次なる我が使命は何かと考えた時、明石にできたことは他の地域でも可能だということを証明していく〝横展開〟だろうと思われました。その上で、持続可能な形で地方改革を前に進めていくためには、最終的には国と地方との関係を見直すこと、国政の方針転換が不可欠だという思いもありました。つまり、横展開と同時に〝縦展開〟も必要だというのは、当初より考えていたことでした。

しかし、自分は政治のプレイヤーとして表舞台に立つ必要はなく、各地の市民派選挙を裏方として支援しつつ、自分なりに世論喚起のための発信を続けていくつもりでした。省庁再編も地方再編も含めて、明治維新の時に設計された近代国家システムのまま150年以上もの時が流れ、時代の変化に対応しきれていないにもかかわらず、前例踏襲のまま、これまでの枠組みがへばりついて固まってしまったような国の形を、国民の声を聞きながら持続可能な設計に作り変えていく必要がある。自分は裏方として筋書きを考え、そこに共感してくれる仲間を増やしていきたいという思いがありました。

その後、岩手県知事選挙、東京・立川市長選挙などを応援し、さらに所沢市長選挙にはガッチリと入り込んでサポートし、それぞれ「市民派」「無所属」の勝利を見届けました。

しかし、これらの横展開に取り組む中で、その限界も見えてきた。選挙に勝てたからといって、すぐさま市政がガラリと変革されていくかというと、現実はそううまくはいきません。初登庁したその瞬間から、悪意なき役所の職員たちの壁、利権だらけの議会の壁、そして首長が役所や議会と衝突するたびに「首長の暴走」とばかりに書き立てるマスコミの壁などに阻まれてしまい、市民との約束である改革を前に進めることがいかに困難であるかに気づくことになる。

職員たちは「市長のしたいことをするには、議会の多数の理解が必要です。今は辛抱の時。関係者との相互理解を得てから前に進めましょう」などと改革派首長を押し留めようとする。職員たちに悪意はありません。本気でそれが首長のためだと思って説得にくる。行政は基本的に前例踏襲とバランスですから無理もありませんが、彼らの言うことを聞いて「相互理解」の時を待っていたら、その日は永遠に訪れないでしょう。利権だらけの議会が市民派首長の方針転換に理解を示してくれるはずがないからです。

日々「市長本人のためにも大人の対応を」などと言ってくる目の前の職員よりも、その向こう側にいる1票を託してくれた市民を信じきれるかどうかが問われるのですが、それは想像以上にしんどい状況です。しかし、そのしんどさに負けて議会多数派と折り合いをつけようとしたら最後、改革はなし崩しになります。

ちなみに、肝心なのはスタートダッシュです。初登庁の日が勝負です。選挙直後、民意によって生まれたばかりの首長には最強のパワーが宿っています。「これは私と市民との約束や。これを守らせてくれ」と言えば、職員もさすがにノーとは言えません。そのタイミングで記者会見を開いて方針の大転換を発表し、この首長はわからず屋だ、大人の対応ができないヤツだと認識してもらうことで改革を前に進めやすくなります。議会や役所との事前調整に応じたら最後、身動きが取れなくなります。当選直後こそがスタートダッシュをかけるチャンスなのです。このことを、これから首長選挙に挑戦しようと考えている人はぜひ覚えておいてほしいと思います。

その上で、市民派首長の前に立ちはだかるのは地方議会や地方行政の壁ばかりではありません。その先には、さらに高くそびえ立つ国の壁があります。国に予算を握られている地方自治体が、国に逆らってまで方針を変えていくのは至難の業なのです。

結局は、各地方の横展開だけでは限界があり、縦展開を本気で進めていき、この国のありようを根本的に変えることが必要なのだと考えるに至りました。私が書籍などで、中央省庁の大再編と日本全土を300ほどの中規模の自治体に編成しなおす〝廃県置圏〟を軸にした令和の大改革「救民内閣構想」を打ち上げるようになったのも、この縦展開を視野に入れてのことでした。

支持者の希望が失望に変わり怒りへ

それではなぜ、２０２４年の衆院選に出なかったのか。あるいは大混乱の兵庫県知事選に出なかったのか。当時も、泉はなぜ動かないのかという声が多く寄せられました。声なんて生ぬるいものではない、それまで私に大きな期待を寄せてくれていた人たちからの強い怒りの声でした。

特に、２０２４年の解散総選挙の際に私が出馬しなかった時、多くの人の期待が一気に失望に変わったのをリアルに感じました。泉は何をしているんや、テレビのコメンテーターで満足しているのか、お前にはもっと本来やるべきことがあったはずやないのかと、それまでの期待が失望に変わり、そして怒りに変わっていくのをまざまざと感じていました。

さらにいうならば、衆院選においては、兵庫県議会議員であった明石市民の会の橋本慧《けい》悟《ご》さんが兵庫９区から出馬することになったのですが、私はテレビやラジオの出演番組との兼ね合いで、選挙応援に動くことすらできませんでした。その時に受けていたさまざまなメディアの仕事は、私が選挙に出馬しない、あるいは特定の候補者を応援しないということが前提となっていたため、政治的な動きが一切できなかったのです。私のこの姿勢は、やはり多くの人たちを深く失望させ、強い怒りと批判となって私に跳ね返ってきました。自分自身でも忸怩《じくじ》たる思いがあります。

ちなみに、橋本さんは小選挙区では自民党の西村康稔《やすとし》さん（当時は裏金問題により1年間の党員資格停止中で、現在は復党）に惜敗しましたが、無事に比例で復活当選を果たしました。

言い訳のようになりますが、当時の私は、縦展開を模索しながら自分自身のさらなる発信力の必要性を痛感していたところだったのです。

コア層の向こう側に届けたい

市長引退後、私が縦展開を見据えて打ち上げた「救民内閣構想」は、もっと冷ややかにスルーされるかと思いきや、意外とさまざまな人たちに届き、思いがけない反響や共感を呼びました。しかし、その多くは泉市政にもともと理解や共感を持っているコア層の人たち。そこから先には、自分の知名度はまだ広がっていないことも痛感していました。

なんとなく政治に関心を持っています、という感じの人に出会っても、すぐに「泉房穂さん！」と名前を呼んでくれる人は少なく、まだ「ああ、あの明石の！」というレベルの認識。人によっては「明石さん！」なんて声をかけてくる人もいて、明石愛では誰にも負けない自分としては、嬉しいような、自分の認知度はまだまだやなと実感せざるを得ないような複雑な気持ちでした。

ましてや、政治に関心のない人、普段は投票に行かないような層の人たちは「誰この人」という状態でしたから、コア層の人たちは、泉、早く立て、新党作れとけしかけてくるのですが、それは本当に狭い世界の話だという自覚がありました。もっともっと広く、政治に関心を持たない人たちも含めて巻き込む必要があったのです。

そのことを痛感した私は、２０２４年4月にホリプロと契約して発信力の強化に努めました。テレビやラジオへの出演も含めて幅広い層に向けての発信を始めた。それが、私が「ネプリーグ」などの政治に無関係なバラエティ番組も含めて、声をかけてくれるところには積極的に出ていくようにした経緯です。もちろん露出を増やすことが目的なのではなく、その先に、縦展開を推し進めたいという思いがありました。

その結果、一気に知名度は上がりました。5章で詳しく書きますが、今現在、兵庫県内の全市区町村を回って街頭演説をしていますが、小学生からも「ネプリーグの人や！」と手を振られるまでになっています。

しかし一方で、政治的な動きからは一定の距離を置かざるを得なくなり、選挙の応援すらできなくなってしまったのは、前述のとおりです。これについては、なんとかならないかと随分調整し、事務所と話し合いもしましたが、ある意味でテレビラジオの業界の理屈を超えた不文律があり、今の自分にはどうにもし難い状況でした。

結果として、この時期、政治的な動きではなくメディアでの発信を選択したことになりました。多くの期待を失望に変え、怒りに変えたことには忸怩たる思いもありますが、しかし自分の選択ですから言い訳するつもりはありません。

『泉房穂の情熱ラジオ』始まる

ラジオに関しては、２０２４年７月の時点で、10月４日から翌年３月21日まで半年間にわたる「泉房穂の情熱ラジオ」という、ニッポン放送での冠番組の話が出ていました。ですから、この仕事を受けるとするならば、その期間中の出馬は難しくなるということです。しかし、その時は自民党総裁選の行方もわからず、解散があるかどうかもわからなかった。

その一方で、子どもの頃から憧れていたラジオのパーソナリティの仕事、しかも毎週金曜日の夜、地方局の放送もあわせて3時間もの冠番組は大きな魅力でした。キー局であるニッポン放送に加え、29の地方局に流される番組を引き受けることには大きな責任が伴うとの自覚はありましたが、私はやると決めたのです。3時間かけて言葉を尽くしてリスナーと対話するラジオの時間は、テレビコメンテーターとしての一瞬だけの情報発信とは違う新たな世界を広げてくれました。

テレビでは「視聴者の皆さん」という感覚ですが、ラジオは視聴者に「あなた」と呼びかけます。視聴者一人ひとりとの距離が近く、言葉にも自然と熱が入る。私は10月4日の初回と、3月21日のラストの回に、中島みゆきさんの『ファイト!』を流しました。スタジオでこの曲を流した時、18歳の学生時代の頃のことを思い出していました。

大好きだった深夜番組の『オールナイトニッポン』で、中島みゆきさんがリスナーの女の子の手紙を読んでいた。その手紙には、自分が中卒だから仕事を任せてもらえないという悩みが書かれていて、それを読んだみゆきさんが、「あなたのことをわかってくれる人はどこかに一人はいるかもしれないよ」と話し、最後に「ファイト」と声をかける。そして1年後、『ファイト!』という歌が生まれます。次のフレーズに私は胸をつかまれました。

闘う君の唄を　闘わない奴らが笑うだろう

たった一人への励ましが、みんなへの励ましにつながる。ラジオの言葉には体温があります。私は、自分の言葉を電波の向こうの全国の「あなた」に届けたかったし、「あなた」から届く言葉を聴きたいと思った。言葉の力が信じられるような仕事を求めていました。たとえ選挙という選択が多少遠のくとしても、ずっと憧れだったラジオのパーソナリティの仕事をやりたい。その自分の気持ちに正直に動きました。

半年間を走り終え、3月21日の最終回にもう一度『ファイト!』を流したのは、3日後に会見を控えた私なりの決意表明でした。笑われても叩かれても、もう一度、闘いの場に戻って行こう。そう決意しながら、私は最終回の『ファイト!』の歌に耳を傾けていました。大好きなラジオを選択した決断を、今も後悔していません。貴重な場を半年間にわたって作ってくださったニッポン放送には感謝しかありません。

政権交代の気運高まらない政界に危機感

ところで、ラジオのパーソナリティとなってまもない2024年10月、第一次石破内閣が誕生したとたん衆議院を解散、総選挙へと雪崩《なだれ》を打って事態が進んでいきました。当時の世論は自民党議員の裏金問題に揺れていましたから、自民党にとって厳しい選挙戦となり、結果として与党が過半数を割ることになりました。野党が大同団結すれば一気に政権交代に向けた気運が高まる状況になりましたが、そうはならず、それどころか小手先だけの予算案や法改正で妥協する流れもあり、結果として与党の延命に手を貸す事態になってしまった。

私はさすがに外側から吠えているだけではダメだと痛感し、自分が政治の舞台に再び入っていく覚悟を固めました。国政の方針転換に向けたシナリオを、自分自身も走りながら考えていこうと腹を括《くく》ったのです。先の見えない負担増に溺れそうになっている国民を救うための「国民の味方チーム」を一刻も早く作り出して、方針転換を実現させていかなければ、この国は手遅れになる。その危機感が私を突き動かしました。

これが、私が2024年のあらゆる選挙に距離を置き、そして2025年3月21日に冠番組の最後の放送を終え、そのほかすべての仕事の調整も終えて、3月24日の会見へと臨んだ経緯です。さまざまな批判や怒りもそれとして受け止めながら、これまでの明石での実績を横から縦へと展開するべく「勝ちにいく覚悟」を決めて、兵庫県内を奔走する日々を過ごしています。

恩師・石井紘基から受け継いだもの

ここで、私の初めての選挙について振り返りつつ、「勝ちにいく覚悟」とは何なのか、少し一緒に考えていきたいと思います。

私が初めて選挙に挑戦したのは2003年10月の衆議院議員選挙でした。地元の明石市の入る兵庫9区ではなく、落下傘候補として兵庫2区（当時は神戸市の兵庫区・北区・長田区）からの出馬でした。当時の私は40歳。33歳で弁護士となり、37歳で明石市に個人の法律事務所を立ち上げてから3年が経過していました。

後で詳しく書きますが、私は20代の頃、人生最大の恩師である政治家・石井紘基《こうき》さんに「泉くん、君はいずれ政治家になるだろうけれども急ぐな。20代や30代で立候補してはいけない。まずは現場できちんと仕事をしなさい。そのためには、弁護士になりなさい。弁護士として世のため人のために本気で働きなさい。その経験が、政治家になった時に必ず生きてくるから」と言われていました。石井さんは「君はきっと40歳で政治家になるだろう」とも言っていた。それまでの20代30代は、弁護士になって市井の人々のために現場で汗水を流せ、というアドバイスをくれたのです。

加えて言うならば、選挙は文字通り「水もの」ですから、時の運や趨勢《すうせい》によって落ちることもある。そうした時には弁護士として働きながら、再びチャレンジの時を待てばいい。少なくとも、政治家を自分のメシの種のように考える必要はない。純粋な使命感から政治を志し続けることができる。そういう意味でも、石井さんは私に、まず弁護士の資格を取るようにとアドバイスをくれたのでした。

その、我が恩師である石井さんは、その後も文字通り命懸けで日本の闇に挑み続けていましたが、私が出馬を決断する前の年、2002年10月25日の朝、自宅の駐車場で刺し殺されてしまいました。殺される前日、「国会質問で日本がひっくり返るくらい重大なことを暴く」と話していたといい、殺害された当日はその資料を国会に提出することになっていました。しかし、カバンを持つ石井さんの指は切られ、犯人によってカバンがこじ開けられた形跡がありました。そして、カバンの中から石井さんが国会に提出する予定だった資料が消えていた。その後、実行犯として出頭してきた人物は、金銭絡みのトラブルだったと主張するばかりで、取り調べに対し動機を明確にしませんでした。結局、彼の死の真相は闇の中に葬り去られたままになっています。

当時の私としては、世の中の不条理に対して誰よりも腹を立てていた政治家・石井紘基がやり残したことを私こそが引き継がねばならない、という思いがありました。

果たして、今が本当に出馬すべき時なのだろうかという悩みもありましたが、彼の死の翌年、石井さんの言葉通り、私は40歳で政治家としてのスタートを切ることになったのです。

妻が私に突きつけた「勝つか死ぬか」

2003年4月、つまり出馬の半年前、私たち夫婦にとってやっと授かった初めての子どもである長女が生まれていました。私が立候補を決断したのは8月でしたから、娘がまだ4ヵ月、首が据《す》わるか据わらないかというような頃でした。幼い娘を抱えて大変な状況の時に、私が出馬するなどと言い出したものですから、妻はひどく驚き、また怒りました。娘を抱いて、「あなたの息子が、こんな大変な時に選挙に出るなどと言い出している」と私の両親のところに談判に赴いたほどでした。しかし両親は、「勝手なことを言う息子で申し訳ない」と頭を下げつつも「房穂、やめなさい」とは言わなかった。私を止めようとしない親を見て、息子が息子なら親も親だと妻は呆れ果てたことでしょう。

「嘘もつけない、感情がすぐ表情に出てしまうあなたは、まったく政治家に向いていない。弁護士として、市民活動家として、世のため人のために尽くす方が、ずっと合っている」というのが、当時から今に至るまで、一貫して妻が私に言っていることです。しかし一方で、妻は私がいかに政治家という生き方に情熱を燃やしているかということもよくわかっていました。妻はしばらく考えたのち、「兵庫2区からの出馬であれば、比例復活で通るでしょう」と言ったのです。

本気の勝負に出れば、この選挙は勝てる。妻はそう見通していた。なぜ兵庫2区だったのか、その理由については第3章で説明します。

いずれにせよ、私のことを誰よりも理解している妻は、私を止めることはできないとわかっていたのでしょう。妻は、最終的に腹を括《くく》ってくれたのですが、その時に、何やら1枚の紙を手渡してきました。見ると生命保険の申込用紙で、死亡保険だけが掛けられていました。こんな状況で選挙に出るというのであれば、死ぬ気でやってほしいという妻の強い意志を感じました。

「勝てなかったら社会は変えられない」「今、本当に苦しい状況にある人たちを救えない」のですから、文字通り「勝つか死ぬか」という覚悟が必要だったのです。

妻はその後、生まれて間もない我が娘を抱えつつ、「私が（選挙対策に）入ります」と宣言、選挙運動の実務を取り仕切ってくれました。私自身もそれなりに覚悟をもって生きてきたつもりでしたが、それを上回るような妻の気迫には、目を開かせてもらった思いでした。

どこの誰にどんな言葉を届けるのか

こうして、私は9月に事実上の出馬表明を行います。表明後の初めての街頭演説で、私は妻から厳しいダメ出しをされました。

「あなたには言葉以外何もないのに、そんな言葉しか言えないのか」と全否定されたのです。「演説は、あなたが言いたいことを言いたい放題に言う場ではない。相手が何を必要としているのか、何を聞きたいと思っているのか、どのような言葉ならば届くのか、目の前の一人ひとりに向き合わない限り言葉は届かない。あなたは目の前の人が見えていない。だから届かない」という妻の冷静かつ的確な批判でした。

私には思いがあります。誰にも負けない強い思いがある。この社会を絶対に変えて、救うべき命を救い、守るべき暮らしを守らなければならないという使命感で10歳の頃から生きてきました。

そして自分自身、「俺の演説にはそれなりの力がある」という密かな自負もありました。マイクを握らせてもらえれば、伝えたいこと語りたいこと、社会に対する愛と憎しみが次から次へと湧いてきて何時間でも話し続けることができます。

しんどい思いを抱えて生きている人がこれほど多いのは、政治が政治として機能していないからです。政治が本気で社会を変えようとしていないからです。こうした不条理に対する半端のない憤りが自分の中にあります。

それを語り始めたら、自分でも自分がコントロールできなくなるくらい話したい言葉が次々と溢《あふ》れ出てきてどうしようもありません。

しかし、その言葉では心が動かない！　と妻に頭から全否定された。何でや、これでもまだダメなんかと内心思いましたが、街頭に立つ中で気づかされました。

どこで喋っているのか、誰に向かって喋っているのか。駅前なのか、住宅街なのか。住宅街でも、ファミリー層向けのマンションが多いエリアなのか高齢者が多い公営住宅エリアなのか。朝なのか、昼間なのか、みんなが仕事を終えて帰宅する夜なのか。それによって語るべきキーワードは大きく異なってきます。

当たり前のことですが、自分の内側から溢れる思いを、マグマのように噴き出すだけでは届けるべき人に届きません。相手を見ることが大切です。

足早に目の前を通り過ぎていく人たちを、どうすれば一瞬でも振り向かせることができるのか、その足を止めさせることができるのか。さらには、演説が終わるまで耳を傾け、演説が終わった後もその言葉の余韻に浸り、私の言葉を誰かに伝えたくなるのか。そんなふうに、目の前の人の心を動かしたい。そのためには、もっともっと言葉を研ぎ澄まさなければなりません。相手の表情を冷静に見ながら、「届け。届いてくれ。一瞬でいいから足を止めて聞いてくれ」と念じながら、その瞬間に魂を込めなければならないのです。

駅のホームにいる人たちに声が届く場所にいる時は、できれば今乗ろうとしている電車を1本遅らせてでも俺の話を聞いてくれ、と念じながら語りかけます。公営住宅や新築マンションなどが建ち並ぶ住宅エリアで話す時は、それぞれの地域で生活している人たちの姿を思い浮かべて話します。持病を抱えて薬が手放せない一人暮らしの高齢者、食べ盛りの子どもを抱えた一家、あるいは育休中の若い夫婦など、壁の向こうに暮らしている一人ひとりの「日常」に思いを馳せます。部屋の中で耳を澄ませてくれ、できれば窓を開けてベランダまで出てきてくれ、と念じながら言葉に思いを込めます。

そのためには、選ぶ言葉やテーマ性、話すスピード、姿勢、目線、すべて緻密に考え抜いたものでなければなりません。なんだ、計算ずくか、と思われるかもしれませんが、当たり前です。政治を志す者の熱量としては誰にも負けないつもりですが、熱量だけで「勝ち」が取れるほど選挙は甘くありません。

そして、私にとっての選挙はあくまで通過点であって、負担に押しつぶされかけている国民を救う方向に政策を転換させ、国民の安心と笑顔を生み出すことが本当のゴールである以上、何が何でも「勝ち」を取るための戦略を磨いていかなければならない。改めて、「勝ちにいく覚悟」を固めさせてくれた、妻からの冷静なダメ出しでした。

弟とともに死のうとした母

そもそも、私はなぜ、勝たなければならないと思っているのか。その理由は、すでにあちこちで書いていますから、ここではざっくりと触れるだけにします。

私は、明石の西の端にある小さな漁村、二見町の零細漁師の家に長男として生まれました。4歳下の弟は生まれながらに障がいを負っていたことから「優生保護法」の名の下に、生まれてすぐ病院で殺されそうになります。

今では考えられないことですが、当時は障がいを持った人の不妊手術が本人の同意なく行われたりするなど、「障がい者は生まれない方が本人のためであり社会のため」というような考えが世の中にまかり通っていた時代だったのです。

しかし、「最後のお別れです」と医師に言われて弟の顔を見たとたん、母は「こんなのは嫌だ、連れて帰りたい」と泣き崩れました。「自分たちで責任を持つ」と母が必死に医師たちに懇願したことで、弟はなんとか生き延びることができましたが、彼が2歳になった時、障害者手帳に「起立不能」と書かれたことにショックを受けた母は弟と心中未遂を起こします。

死にきれずに帰ってきた母に「残されるお前のことを思ったら死ねなかった。あんたが弟の分まで能力を取ったんだ。あんたはかけっこで1番にならなくても、勉強で1番にならなくてもいいから、その能力を弟に返せ」と泣かれた時は、子ども心に胸を掻きむしられるような気持ちになりました。できることなら、自分の体を半分に引きちぎって弟に返したいとさえ思いました。

それでも母はなんとか立ち直って、父と一緒に自己流スパルタのトレーニングで弟を鍛えまくりました。ついに、小学校入学直前には「起立不能」の診断を跳ね返し、弟はよちよちと歩けるまでになりました。これならば兄弟で近所の小学校に一緒に行けるだろうと家族で抱き合って喜んだのも束の間、「足に障がいがあるなら、養護学校（現在の特別支援学校のこと）へ行かせるように」と行政に突き放されます。バスに乗らなければならない遠くの養護学校への送り迎えなど、早朝から漁に出る両親にできるわけがありません。

結局、「何があっても行政を訴えない」「送り迎えは家族が責任を持つ」と一筆書いて、常に私が登下校に付き添うことで、なんとか私と同じ地元の小学校に通うことが許されました。毎日、私は弟を連れて、周囲からの白い目を感じつつ、戦場に向かうような気持ちで学校の門をくぐっていました。

弟や家族が、さまざまなことに文字通りつまずき倒れた時も、私たちは自力でなんとか立ち上がるしかなかった。近所の人たちは、個人としてはみんないい人です。親切な優しいご近所さんなのです。ところが、社会全体のシステムとなると、冷たい高い壁のようなものが私たちの目の前に立ちはだかる。

そこに暮らす人はいいのに、そこの社会は冷たくて理不尽。問題なのは人ではなく社会のシステムだ。子ども心に、自分たちを取り囲む理不尽さをそのように受け止めていたと思います。

そして、私の中に蓄積していた理不尽な社会に対するやり切れなさは10歳の時に沸点に達します。

どこかに溺れかけている人がいる

弟が小学校に入学してまもなくの、全校遠足の日のことでした。私は小学校5年生になっていました。

全学年で一緒に潮干狩りに出かけたのですが、砂浜はただでさえ足元を取られやすい。私は不安な気持ちで、離れたところにいる弟を、時折チラチラ見ていました。

私の不安は的中しました。弟は足元を取られ、わずか水深10センチもないような浅瀬でうつ伏せに倒れてしまったのです。自力で起き上がることのできなかった弟は、たった10センチの浅瀬で、ぶくぶくと溺れていました。しかし、周囲の人は誰も、弟のことを助け起こしてくれなかった。目の前で体の不自由な小さな子どもが溺れかけているのに、です。周囲の人たちは、何が起きているのか状況が理解できなかったのかもしれませんが、私は、この状況にひどく傷つき打ちのめされました。

私は弟のところへ走っていき助け起こしました。砂と海水で汚れた弟の手を引いて家に帰りながら見上げた空が、どんよりと曇っていたのを今でもはっきりと思い出します。こんな世の中、爆破してまえ、というような激しい怒りを感じたのと同時に、こんな世の中をこのままにしていたらあかん、という強い使命感が芽生えてきました。

この理不尽な世界を、自分が絶対にもっとマシな世界に変えてやる。惨《みじ》めな気持ちに打ちのめされそうになっていた私は、鉛色の空を睨《にら》んでそう誓った。あの日、怒りと決意とで心を震わせていた10歳の自分。あれが私の政治家としての原点だったと思っています。

大学の受験勉強をしている時も「どこかで溺れかけている人」のことを考えながら、「あの人たちを救うために、今、自分は勉強しているんや」と自分自身にハッパをかけていました。

一方で、貧乏漁師の家でしたから参考書を買う金もないし、予備校に通う金もありません。いつも参考書を立ち読みしている私の姿を見かねた本屋のオヤジさんが「ここで勉強しい」と、店の中に机を置いてくれた。そして店の参考書に囲まれた環境の中で、受験勉強に没頭させてくれた。そんなありがたい出会いのおかげで、私は大学受験を乗り越えることができたわけです。

眠たい目をこすりながら勉強していた当時18歳の私は「寝たらあかん。今ここで寝てしまったら、溺れかけている人が本当に溺れ死んでしまう。自分は、大学に通って力をつけて世の中を変えるんや。溺れかけている人の命を救うんや。眠ったら負けや」と思っていました。受験のはるか先に、自分がやらなければならないことが見えていた。自分がいい生活をしたいとか、いい会社に入って楽をしたいとか、名誉を得たいとか、そんな考えよりもっと切実で、もっと根源的で明確な意志があった。そこは自分の強さだったと思っています。

参考書を買い揃える金がなくても、予備校に通う金がなくても、私は死に物狂いになって勉強をしました。東京の大学に行って日本中から集まってきた面白い奴らと知り合いになって、この世の中をマシなものへと作り変えていく、そんな使命感を共有できる仲間を見つけていきたいと、明石の片隅で野望を燃やしていたのです。

しかし、東京大学に合格し心躍らせながら大学の門をくぐった私は、いきなり出鼻をくじかれたような思いになりました。言い方に気をつけなくてはいけませんが、そこに集まってきた学生たちの意識というか物事に対する姿勢が、思い描いていたものとは大きくかけ離れていたからです。

傲慢さに無自覚なエリートたち

もちろん苦学生もいましたが、当時の東大生は裕福な家庭の子が圧倒的に多かった。生まれた時から高いゲタを履かせてもらって、小さな頃から当たり前のように塾に行き、クーラーのある部屋で涼しく受験戦争を勝ち上がってきたような、お坊ちゃんばかりが目につきました。彼らの中に、社会の不条理に対する仄暗《ほのぐら》い怒りや、こんなロクでもない社会をぶち壊してマシなものに作り変えてやるんだ！　というような情熱はほとんど感じられなかった。

彼らは、自分たちがいかに恵まれているかを自覚すらしていないように見えました。今のポジションを手に入れたのは、自分の努力と賢さのおかげだと思い込んでいるようでした。もちろん、彼らがそれなりの努力をしたことは事実でしょう。しかし、望めば科目ごとの家庭教師もつけてもらえて、徹底的に学力をフォローしてもらえる環境で学ぶことのできる人は、そう多くはいないでしょう。前提の環境がまったく異なるのですから、同じだけ努力をしても同じ結果になるとは限りません。むしろ、ほとんどの庶民にとっては、努力したところで期待するほどには報われないことの方が圧倒的に多いものです。

そうした現実に無自覚な、恵まれた若者が東大には大勢いました。無自覚なあまり、貧乏なのは頑張りが足りないせいだとか、能力に問題があるためだとか、そんな傲慢《ごうまん》な思い込みをする学生も少なくなかった。生まれながらにハンディを負わされた人たちのしんどさ、庶民の日常のしんどさが皮膚感覚として理解できないような学生がたくさんいたのです。

そうした学歴エリートたちの多くが、卒業すると霞ヶ関の官僚になり、永田町の政治家になり、NHKや朝日新聞社などの大手マスコミに行ったり大学院に残って研究者になったりしました。ほかの学生たちも、一流企業へと就職し、出世の階段を登り、経団連などに名前を連ねるようになっていきます。

つまり省庁・国会・マスコミ・学術・経済界という5つの世界に入り込んで、それぞれの業界で支配的な地位に君臨している。いわゆる「学歴ペンタゴン」とでも呼ぶべきものでしょう。本当のところで庶民の置かれた状況を理解しきれていない、この一部のエリート集団が、政治を動かし、経済を動かし、立法や学術や報道を担う。つまり、日本の社会システムを動かしている。

表向きは「国民主権」だの「民主主義」だのと言ったところで、それぞれ業界のお面をかぶっているだけで、中身はほとんど同じような集団によって社会ががんじがらめになっている限り、世の中は変えられない。

誰かの足を踏んでいることに無自覚な人は、踏まれた人の痛みに気づくことができません。ノブレス・オブリージュ（社会的な地位や権力を持つ人は、社会に対して義務を負う）という言葉がありますが、その言葉の真意を体現できている人は、残念ながら極めて少数です。浅瀬で溺れる弟を見ても、まさかあんな浅瀬で溺れる奴がいるはずがないと思い込んでしまう。自力で立ち上がれ、と突き放すどころか、お前はジャマじゃ、と上から踏みつけるようなことさえしてくる。そんな社会を変えていくためには、「その足、重たいんじゃ、どけんかい」と踏みつけられている私たち一人ひとりが声を上げていくしかないのか。私には疑問でした。

政治と選挙は誰のためにあるのか

本来、そうやって踏みつけられている人たち、世の中の理不尽の中で押し潰されそうになっている人たちを救うのは、政治の役割のはずです。政治が何のためにあるのかといえば、一部のエリート集団の仲良しクラブのためではなく、さまざまなハンディを背負わされ、頑張ろうとしても社会の高い壁に跳ね飛ばされてしまう、そうした不条理に苦しんでいる弱い人のためにこそあるのです。

ところが、多額の献金をもらえる経団連やどこぞの業界団体との太くて強いつながりを持つことばかりに熱心で、頭の中にあるのは次の選挙の当選と自分のポストのことばかり、という政治家がいかに多いことか。そんな人たちは政治屋とでも呼ぶべきでしょう。「経済的な強者が豊かになれば、下の層にいる人たちにも恩恵がしたたり落ちてくるはずだ。トリクルダウン効果が期待できる」などと主張する経済財政政策担当大臣がいた時代もありましたが、あれから20年以上が経つにもかかわらず、経済格差は埋まるどころかむしろ拡大する一方です。富裕層をいくら豊かにしたところで、所得の再分配のための政策や庶民の負担を軽減していくような政策を講じなければ、トリクルダウンどころか貧富の差はむしろ広がっていくだけ。その当たり前のことが、ようやく認識されてきましたが、あまりに遅すぎました。

庶民の痛みに寄り添うふりをするだけで、そのリアリティをまったく実感できない官僚、政治家、マスコミが、本来担うべき役割を放棄した結果の、この失われた30年であったといえるでしょう。

そうした欺瞞《ぎまん》に対する激しい怒りが、私を政治へと向かわせているわけですが、その原点は、あの10歳の時のできごとだったのです。

ところで、20代の時にも、実際に選挙に出ようと決心を固めかけたことがありました。

当時働いていたNHKを退職し、その報告のために実家に帰り父親に決意を伝えたところ、これまで、私のやりたいことを一度も否定したことのなかった父が、初めて首を横に振りました。

「房穂、お前の気持ちはわかる。悔しい思いをしてきたことも知っている。だから、政治家を志すのもわからなくはない。しかし、お前がなんぼ頑張ったところで、お前が思っているほど選挙は甘くない。ワシは、お前のやりたいことはなんでも応援しようと思って生きてきたけれど、今回ばかりは無理や、ワシがお前にしてやれることは何もない。ワシにはお前の夢を叶えてやれるだけの力もコネも何もない。有力者にカネを包んでやることもできん。許してくれ」、そう言いながら、父は泣いていた。

いつどんな時も私がやりたいと言ったことは何でもやらせてくれた父でしたが、この時ばかりは「房穂、無理や」と泣いて否定したのです。

思い返せば、私の母の口グセは「貧乏人はカネ持ちには勝てない。カネ持ちには歯向かうな」でした。「カネ持ちとケンカしたら酷《ひど》い目に遭う。だから何を言われても『ハイ、ハイ』と受け入れなさい」というのが持論だった。私はそう言い含められて育ってきましたが、どうしても納得できなかった。

「選挙に出たい」という思いを父に否定された時は、思わず言い返していました。

「オヤジ、それは違う。カネもいらん。人脈もいらん。俺には口がある。言葉がある。一軒一軒訪ね歩いて、一軒一軒説得する。話せばわかってくれるはずや。選挙にカネなんかいらん。有力者とのコネなんかいらんのや」

その時、父は「コイツは何もわかっとらん」という悲しそうな顔をして、私を追い返しました。

確かに、この時の私は甘かったと言わざるを得ないでしょう。選挙の厳しさも難しさも練るべき戦略も、本当のところでは何もわかっていなかった。自分の強い怒りと意志の力でどうにかできると傲慢にも思い込んでいた。実際、この時はさすがに私も自分自身の出馬は断念し、まもなく石井紘基さんと出会い、彼の選挙参謀という形で国政選挙にかかわる決断をします。しかし一方で、あの時、父に言い返した自分の言葉はやはり正しかったとも思っているのです。

言葉は最大の力だ。言葉の力を持たない者が政治家などやってはいけない。その言葉とは、対立を煽《あお》って市民を扇動するようなものではなく、社会をどうやったら変えられるか、なぜ、どのように変えたいのか、どうすれば声の小さな人たちも含めて誰にとっても安全で安心なシステムに変えていけるのか、どうすれば冷たい社会を温かい社会に変えられるのか、共感を広げていくような言葉であるべきです。そうした言葉こそが、本当の意味で市民を動かし、社会を変える原動力となるのです。

選挙は、政治家のためのものではなく、「私たち市民のため」の制度。その確信は、今も揺るぎません。

第2章

選挙《しょうぶ》には、それまでの人生がすべて出る

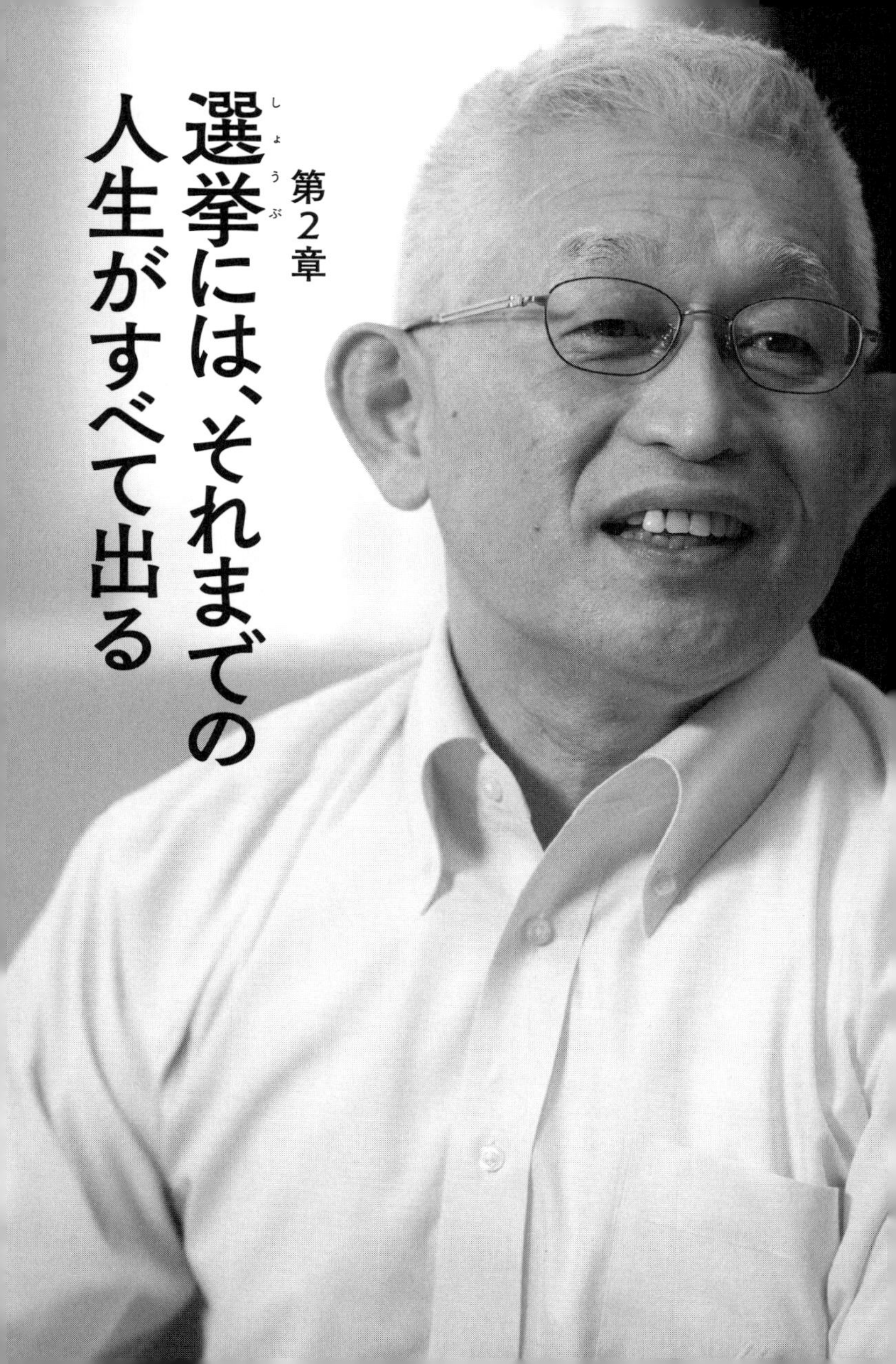

人生最初の選挙

選挙は「私たちのもの」だ。私が最初にそのことを実感したのは、進学した東京大学の駒場寮での委員長選挙でした。

零細漁師の小倅だった私は塾に行く金もありませんでしたが、先述のとおり、地元の書店のオヤジさんが私の机を店の中に用意してくれて受験勉強に集中することができました。無事に東京大学に合格して上京、もちろんアパートを借りるような余裕はありませんから、大学の寮である「駒場寮」で学生生活をスタートさせました。１９８２年のことです。

１９６０年代後半の大学闘争の時代には、東大でも安田講堂のバリケード封鎖など、激しい攻防が繰り広げられていましたが、学内では無難路線を選択する民青（日本民主青年同盟・共産党の学生組織）が実権を握りました。以来、民青が15年にわたって学生の自治組織を取り仕切っていました。

学生寮である駒場寮の自治も彼らに握られていました。民青の学生が歴代委員長を務め、実働部隊を担っていたのは、25、26歳にもなろうかという、ここに住んでいるわけでもない東大OBたち。「お前ら誰やねん、どう見ても現役の学生ちゃうやろ」というような、見てくれの賢そうなOBたちが寮に来て、多くの方針を決めていたのです。

寮での生活のあらゆること、例えば、風呂の頻度は週何回にすべきか、時間は何時から何時までにすべきかというような細かいことまで、この賢そうな外部の人間が取り仕切っていた。このことに私は大いなる違和感を抱きました。

寮のルールとはつまり、私たちの生活そのものです。実際に風呂に入るのは私たちです。寮の生活については、実際にそこで暮らしている私たちこそが一番詳しいのだから、外側から来た賢い人に決めてもらうのではなく、自分たちで考えて決めていかなくてはダメではないか、と直感的に感じました。たとえ、このお偉いさんの方がいろいろ物知りで合理的な方針を出せるとしても、寮運営を外部の人にお任せしてはダメだ。自分たちの手と頭を使って運営しなければいけない。そう思って、1年生の時、9月に行われた駒場寮の委員長選挙に立候補したのです。

皆さんではなく、私たち

当時は15年もの共産党長期政権が続いていた状態でしたから、委員長選挙も既定路線の無風状態でした。

ところが、私の立候補によっていきなり突風が吹き荒れた。私が掲げたスローガンは「私たちの寮のことは、この寮に暮らしている私たちで決めよう」、つまり「自分たちのことは自分たちで」というもの。

選挙の演説でも「学生の皆さん！」ではなく「私たちのことは私たちで！」と呼びかけました。これにより、無風状態だった選挙の様相が一変します。

「自分たちのことは自分たちで決める」vs「外部の偉い人たちに決めてもらう」という構図が生まれたのです。寮生の当事者の一人である私を選ぶのか、外部の人間を選ぶのか。その構図ができた途端、私の勝ちは決まったも同然でした。寮に実際に住んでいるのは、政党メンバーではない一般の学生の方が圧倒的に多かったからです。実際、結果は私の圧勝でした。

15年続いた共産党政権を一瞬で倒したのは、「私たち」でした。私は、「これが選挙の力なのか」と、はっきりとした手応えを感じます。

相手候補は、「学生の皆さん！」と呼びかけていたように記憶しています。さまざまな選挙の場において、多くの政治家たちは「国民の皆さん」「＊＊市の皆さん」と呼びかけます。どれも私には上から目線の言葉に聞こえてしまいます。そういう自分は「皆さん」とは違うんかい、という話です。

もし私が「皆さん、私をぜひ、皆さんの力で委員長にしてください！」と呼びかけたとしたら、一般の寮生には何も響かなかったことでしょう。そもそも私は、「自分が委員長になりたい」から出馬しているのではありません。「なんで、自分たちの寮なのに自分たちでルールを決められず、外部から来たおっさんらが勝手に決めてんねん、おかしいやろ」という憤りが根本にある。だから、「自分たちの寮のことは自分たちでやろうや。私たちのことは私たちで考えるんや」と呼びかけたのです。これぞ、今に続く私のスタイル、「私たち選挙」の原点です。

この視点は今も昔もまったく変わりません。自分たちがどう生きたいか、何が幸せの形か。それを決めるのは、政治家でも官僚でもどこかのお偉いさんでもない。ほかの誰でもない自分自身。市井に生きる「私たち」自身。それを教えてくれたのが、4歳下の弟の存在でした。

ひとりで歩く弟の姿が教えてくれたこと

第1章でも書いたように、入学早々の潮干狩り遠足で苦しい経験をした弟は、その年の運動会はおとなしく見学をしていたのですが、2年生の運動会では、突如「自分も徒競走に出たい」と言い出しました。「お前が走れるわけないやないか。また大変な思いをするだろうし、みんなに迷惑をかけることになるから、やめとけ」と私は弟を止めたのですが、普段は温和な弟が珍しく「どうしても走るんだ」と泣いて激しく主張した。周囲は根負けし、弟はほかの子どもたちと一緒に徒競走に出場することになりました。今でこそ、特性のある人たちが参加しやすいように工夫を凝らした運動会もさまざまにあると思いますが、当時はそうした配慮もほとんどない時代でした。

運動会の当日。よーいどん、で一斉にスタートを切った同級生たちにあっという間におていかれ、よちよちと一人ゴールを目指して歩く弟の姿がありました。私は、自分のクラスの席で観戦しながら、内心「ああ、みっともな。やっぱりやめさせればよかった」などと思っていた。しかし、みんなの前でよちよちと歩いていく弟の顔を見たとたん、頭を殴られたような衝撃を受けました。弟は、これまで見たこともないような、幸せそうな笑みを満面に浮かべていたのです。

自分は誰よりも弟の近くにいて、弟のよき理解者であると思い込んでいたけれど、実は何もわかっていなかったのだと思い知らされました。弟のためを思っているふりをしながら、実は自分が恥をかきたくないから「やめとけ」と言っていただけだったのではないか。一番に弟を支えて応援すべき自分が、一番近くで弟の幸せをジャマしていたのかもしれないと気づいた瞬間、私の目から涙があふれました。自分はなんと傲慢だったことか。

弟の幸せの形は弟にしかわからない。弟が決めるべきこと。

自分たちのことは自分たちで決める。この確信が私の政治哲学の根本にあり、私の言葉に力を与えてくれています。

直感と共感が人を動かす

東大駒場寮の選挙で勝利し、寮の自治改革に着手していく中で言葉を武器に闘う方程式を組み立てつつあった私ですが、その時に自分の中に生まれたキーワードは「共感の広がり」でした。

相手を舌鋒鋭く批判したり攻撃したりするだけでなく、日常を必死に生きる私たち一人ひとりの中に、いかにして「共感」を広げていくか。私たち一人ひとりこそが、社会をより良く作り変える力を持っているのだという共感でつながることができれば、大きな流れが生まれるはず。そんなことを手ごたえとして感じていた当時、その後の人生を大きく変えるような一冊の書籍に出会います。江田五月さんの秘書として経験を重ね、社会民主連合（以下、社民連）の事務局長として頭角を現しつつあった政治家・石井紘基さんの著書『つながればパワー』（創樹社）でした。

当時の私は、まだ20代でした。大学を卒業してＮＨＫに就職し、障がい者にフォーカスしたショートドキュメンタリーなどを作らせてもらったりしていましたが、社会の暗部に切り込んでいくようなテーマは扱えず、結局1年ほどで退職してしまいます。その後は、テレビ朝日の『朝まで生テレビ！』のスタッフとして働き始め、当時マスコミでタブーとされていた「原発問題」や「天皇制」を取り上げるなど、マスメディアの可能性を感じる機会もありましたが、やはり自分が目指す場所はここではない、という思いが常にありました。

そんな思いで悶々《もんもん》としていたある日、東京の高田馬場駅前の芳林堂書店で、背表紙のタイトルに惹かれて手に取ったのが、『つながればパワー』でした。内容に引き込まれて一気に読みました。

「私たち」一人ひとりの声や力は小さいけれど、つながれば社会を変える大きなパワーになる。それこそが、腐敗した政治を改革する唯一の道なのだという石井さんの言葉が、「言葉を武器に共感を広げていけば、庶民が主役の社会を私たちの手で作り上げていけるはずだ」と考えていた私の胸にストレートに突き刺さりました。

当時の石井紘基さんはまだ無名でしたから、私も「誰これ？」という感じでしたが、そんな無名の人が、つながりをパワーにして本気で社会をひっくり返そうとしていることにびっくりしました。せっかちな私は感動を伝えたくなり、「あなたのような人こそ政治家になってほしい、応援しています」と手紙を書いて送りました。すると、石井さんから「会いたい」という返事が返ってきたのです。

すぐさま会いにいくと、いきなり「自分の選挙を手伝ってくれ」と言われました。どこの馬の骨ともわからない20代の私をそこまで信頼してくれるのかと驚きましたが、私は「わかりました」と即答します。運命的な出会いにおいては、直感が人を動かすのです。

下手くそな演説だからいい

石井さんに請われた私は、仕事をすっぱり辞めて当時住んでいた住まいも引き払って石井さんの近所に引っ越しました。それからの1年は、石井さんの選挙に向けた活動に没頭する日々を過ごします。

学生運動の経験がある石井さんは、江田五月さんの父親である江田三郎さんと一緒に社会市民連合（社民連の前身）の結成に参加、そこで長らく事務局長を務めたのち、１９９０年の衆議院総選挙に社民連の公認を得て初出馬したのです。私が協力を求められたのは、彼にとって初めての挑戦となるこの選挙でした。

当時は中選挙区制で、東京3区（定数4）での闘いでした。自民党の候補者が2名、日本社会党と公明党もそれぞれ1名ずつ候補者を立てていましたので、非常に厳しい闘いでした。社民連公認で新人の石井さんのことを、メディアは当初、ほぼ泡沫候補として扱っていました。しかし選挙戦の後半にかなりの盛り上がりが生まれ、結果として5万以上もの票を獲得します。惜しくも当選は逃しましたが、第5位と次点に入るそれなりの闘いができたのです。

国政選挙を中心で仕切らせてもらったことで、私は多くのことを学びました。今回は通らなかったけれど次は行けそうだ、というリアリティを持つこともできた。これは大きな経験でした。私は石井さんに頭を下げて「今回はあなたを通すことができなくてすみませんでした。でも、次は必ず通しますから」と言いました。25、26歳の若造が何を言うてんのや、という感じですが、当時の自分の中には、その確信があったのです。

石井さんの選挙では、「駒場寮」選挙の時と同じく「私たち選挙」に徹しました。政治家や地方議員などにマイクを握らせるよりもまず、道行く一般の人たちにできるだけマイクを握ってもらうようにしました。政治家が主人公になるのではなく、市民が主人公の市民派選挙という姿勢を貫いたのです。選挙を手伝ってくれていた学生などにも積極的にマイクを握ってもらいました。

演説なんて慣れていませんから下手くそで、ボソボソとしか喋れないような人たちにも、「それでいいんや、それがいいんや」と言って次々とマイクを握らせました。「演説なんて下手でよろしい。気持ちを込めたらええねん。なんで自分が今、チラシを撒《ま》いてんねん。なんで選挙を手伝いたいと思うてんねん。それを言うたらええんや。うまい演説をぶち上げる必要なんてないんや」と説得し、多くの市民を巻き込んでいった選挙でした。余談になりますが、のちに取材に来た毎日新聞社の記者が「泉さん、あの時、マイクを握らせてもらった学生の一人は僕です」と言ってきたことがあります。驚きとともに嬉しい再会でした。

当時から今に至るまで、私の選挙は常にこのスタンスで一貫しています。選挙の真の主役は市民です。お金を使いまくって派手な動員をかけ、「国民のみなさま、よろしくお願いしますね」などと政治家が選挙カーの上からマイクで声を張り上げるようなものとは目線が真逆なのです。

「君はまず弁護士になれ」

しかし、「次はあなたを通します」と頭を下げた私に対して、石井さんは「気持ちは嬉しいけれど、泉くんをこれ以上、（自分の選挙に）引っ張ることはできない」と言いました。その上で、第1章にも書いたように「君はいずれ、40歳くらいで政治家になると思うが、まずは弁護士になりなさい。そして困っている人に尽くしなさい。その経験が君をもっといい政治家にしてくれるから」と真摯《しんし》なアドバイスをくれたのです。

先述したとおり、この時の石井さんのアドバイスには2つの意味が込められていました。まず1つは、言葉通り、市民の苦しさや困難に現場で寄り添ったうえで政治家になれ、ということ。それからもう1つは、たとえ選挙で落ちたとしても家族が路頭に迷うようなことがないよう、弁護士になっておけというアドバイスでした。

政治の力で世の中を変えていく覚悟を持つためには、いつ斬り捨てられたとしてもしぶとく生き抜いて、捲土重来《けんどちょうらい》の時を待てるようにしておく必要がある。そのための弁護士なのだと理解した私は、「勉強すれば、すぐに受かるよ」と石井さんに言われたのを真に受けて、弁護士資格を取ることにしました。

しかし、石井さんの言葉を軽はずみに信じた自分が甘かったのですが、私は3回も続けて司法試験に落ちました。4回目の挑戦でなんとか1994年の試験に合格しましたが、司法浪人時代は「石井さん、話がちゃうがな！」と胸の中で呟《つぶや》きながら、必死に勉強していました。

何はともあれ、私にとって石井さんとの出会いは本当に大きいものでした。石井さんと出会っていなければ、自分は弁護士になっていなかったでしょうし、石井さんの死がなければ、明石市長しか考えていなかった自分が国会議員になろうと決意することもなかったでしょう。

弁護士としての経験も、国政に携わった経験も、自分の中の大きな財産になっています。それらの経験が、私の市長選挙での闘い方にすべて生かされています。選挙とは、その人がそれまでどうやって生きてきたのかということがすべて出てきてしまうものです。その人が、それまでの人生を賭けて何をやってきたのかが、有権者の前で問われるのが選挙です。

司法研修所で立ち上げた手話サークル

1995年に司法修習生となった私は、そこで手話サークルを立ち上げました。手話というのは、ろうあの人のためだけの言語ではありません。ろうあの人と健聴者をつなぐための言語であって、私自身にとっても、自分の思いをろうあの人に伝え、ろうあの人の思いを聞かせてもらうために必要な言語です。双方にとって大切なコミュニケーション方法の一つなのです。

加えて、これから裁判官や検察官、弁護士として司法を担うことになる我々にとって、そうした視点を持つことは極めて重要だと考えました。もちろん、その先、明石市長となる時に向けての備えであったことは論を俟《ま》ちませんが、いずれにしても、司法修習の同期たちとも思いを共有したいと考えた私は、友人が多そうな人たち10人ほどに声をかけ、彼らからそれぞれの仲間たちにも呼びかけてもらって、100人ほどのメンバーによる手話サークルを立ち上げたのです。

サークルのメンバーの中には母親がろうあだという人がいましたので、週に一度、その母親と手話通訳士の方に来ていただき、みっちりと手話を教えていただきました。

その後も私は手話を独学で学び続けました。弁護士として刑事事件の弁護を引き受けた際、ろうあの人に証人として法廷に立ってもらったことがあり、この時は自分の手話が役に立ちました。市長となってから、手話検定2級の資格も取得しました。

市長時代、福祉政策を担う厚労省の役人に「自分は障がい者と出会ったことがない」と言われたことがあり、この時はびっくりしました。当事者を知ることなく霞ヶ関の机の上で考えたところで、彼らが抱えている困難のリアル、必要な支援などが見えてくるだろうかと疑問に思いました。

その意味で、私は修習生の時、研修所の近くにある知的障がい者の施設でボランティアをしていたのですが、研修所でのイベントにその施設の利用者さんたちを招待して交流する場を作ったことがあります。研修所は親戚や知人友人までは中に入ることができるので、守衛さんに「今日は20人ほど僕の友だちが来るので、入れたってください！」とあらかじめお願いしておき、みんなで綱引き大会などをして盛り上がりました。

修習生の中には、障がいを持つ当事者にこれまで会ったこともないという人が多くいました。しかし現実には、知的障がいや精神疾患など、さまざまなハンディを抱えた人が犯罪に巻き込まれ、当事者となるケースも少なくありません。いずれ司法の場で彼らを裁いたり弁護したりすることになる人たちには、彼らの抱える困難や彼らの日常のリアルを理解してほしいと考えてのことでした。

いずれにしても、ハンディを抱える当事者に声を届け、またその声を聞かせてもらうために、手話は私にとって欠かせない言語ツールの一つであったことは間違いありません。

実際、２０１１年にいよいよ満を持して明石市長選に立候補したとき、この手話が大きな力を発揮してくれました。

市民派候補として、自分の政策や理念をさまざまな人たちに訴えて回っていた時、とある福祉団体と話をする機会を得ました。その場にろうあの方たちもおられたので、私はごく自然な流れで、手話を交えながら自分の公約の説明をさせてもらいました。すると、そこにいた人が「政治家になろうという人で、いきなり手話で話をする人を初めて見た。応援するわ」と手話で返してくれたのです。その人は、のちに明石市における「手話言語・障害者コミュニケーション条例」制定や普及のために共に奔走する仲間の一人となりました。

私は、市長2期目の時、手話言語条例の普及のために事務局長として「全国手話言語市区長会」を立ち上げました。2025年現在は648の市区長が加入しています。障がい者政策を着実に一歩一歩進めていくために、当事者との相互コミュニケーションとしての手話言語が必要だとの思いは、司法修習生時代から今現在まで一貫して私の中に強くあります。

手段としての「市長」

晴れて弁護士となった私は、ようやく我がふるさと明石に帰り、地域のために思いきり働くことができると張り切っていました。最初の数年は先輩の法律事務所で経験を積ませてもらったのち、私は2000年に独立して明石市に自分の法律事務所を立ち上げたのですが、それと同時に、NPO活動のために自由に使える部屋を事務所内に用意しました。事務所のコピー機も自由に使ってもらいました。

私自身、市民活動の際には会議や作業のための手頃なスペースを探すのにひどく苦労していましたから、自分が独立したら真っ先に事務所にはそうした専用スペースを作ろうと思っていました。

そこで、地域のＮＰＯを支援するためのセンターを事務所内に立ち上げたところ、さまざまな市民活動グループが集まってくるようになりました。私自身は、必要に応じて顧問弁護士のような形でそれらの活動のサポートに回りました。ＮＰＯの法人格取得なども手伝っていました。正式な契約を結んで報酬をもらってやっていたわけではありません。自分でやりたいから勝手に手弁当で応援させてもらっていただけ。共助のために頑張っている人たちと一緒に走りながら、明石の市民活動のネットワークが有機的につながっていくさまを肌で感じるのは大きな喜びでした。温かな街づくりに向けて共に一歩一歩、その地固めをしているような気持ちでした。

市長になってからは、市の施設の中に「あかし市民活動支援センター」を立ち上げて、市民の共助の取り組みを公助で支える仕組みを整えていきました。明石の街で「困ったときはお互い様」「支え合い」を実践してくれる取り組みを、場所の提供や市の広報などを通じてバックアップするのは市として当然の役割だと思っていました。

そもそも、私の目的は明石を冷たい街から温かな街に作り変えることであって、自分が政治家になることではありません。社会をより良いものに作り変えていくための、手段としての「市長」だったということです。

冷たい街を温かい街に変えていく

選挙はあくまで手段です。市長となり、方針決定権と予算編成権、人事権を適切に行使すれば、あっという間に街の形を作り変えることができます。しがらみや前例踏襲などで財政が漫然と肥大化しやすい地方行政に終止符を打ち、市民の幸福度を上げていくための政治へと方針転換をする。限られた財源を効果的に使っていくには、どのような特徴を持つ街として発展させていくか、冷静な戦略に基づいて選択する必要があります。地域の特性を知り尽くした上で方向性を決めていくべきなのです。

企業を積極的に誘致して産業の街にするのか、学校の誘致に力を入れてキャンパスシティ構想のようなものを打ち上げるのか、あるいは生活圏として暮らしやすさを優先させるのか。

私の選択は、「生活圏の明石」でした。まずは子どもの医療費や保育料などの諸負担を軽減し、児童手当や地域商品券などの生活支援に注力する。その結果、子育てしやすい街、生活しやすい街としての評判が広がり、ファミリー層を中心として人口が増加に転じます。さらに、地元商店街などにもお金が落ちるようになり地域が活性化。地域経済が活性化すれば市の税収も上がり、高齢者福祉や障がい者福祉にも予算が回って、市全体で好循環を生み出すことができます。これにより、誰もが安心して暮らせる「多様性の街」明石へと作り変えていく。それが私の描いた改革の道筋でした。

人は、自分が大切にされていると実感でき、使えるお金も増えて日々の暮らしが安心で満たされてこそ、ほかの人に対して優しい目を向ける余裕が出てくるのです。

そうやって明石の街を変えていく。オセロの黒を白にパタパタとひっくり返していくように、冷たい街から温かい街に変えていくための政策を一つずつ進めていく。明石の街のいいところも悪いところも知り尽くした自分だからこそ、その政策転換を実現できるはずだという揺るぎない自信がありました。それを実現させるために、私はどうしても勝たなければなりませんでした。

マスコミは相手の圧勝を信じていた

２０１１年、満を持して明石市長選挙に初めて挑んだ時、相手は県知事の肝煎り、主要な政党がすべて乗っかった候補者でした。マスコミも含めて誰もが、この候補者の圧勝を信じて疑わなかった。各政党がついて、市議会議員もほぼ全員味方につけて、300もの市の関連業界団体のほぼすべてが支援に回っているような大本命に、私が市民派の代表として挑んだ選挙でした。

相手方に主要政党だの業界団体だのが次々と乗っかっていくのを見ながら、こちらには市民がついている、大丈夫だと自分に言い聞かせていました。マスコミは、選挙戦が始まる前からすでに「勝負あり」という空気でしたが、私は、業界よりも政党よりも何よりも、サイレントマジョリティである無数の「私たち」の存在を信じていました。

向こうが「既存政党」「業界団体」などのいわゆる「既得権益」に分厚く支えられた状況になったとしても、庶民の味方としての自分の立ち位置は揺るがないと確信していました。私の仲間は、大勢の名もなき「庶民」たちです。地べたでともに働いてきた「私たち」だからこそ、最強のチームになれるのです。

これについては、第3章の「情熱＋戦略」のところで細かく説明したいと思いますが、こうした「私たち選挙」のリアルとして、初めての市長選挙の際の忘れられないエピソードがあります。

私は当時弁護士でしたから、刑事事件の被疑者や被告の弁護などもさまざま引き受けていました。かつて弁護を引き受けていた人の中に、万引きをしてしまった知的障がいのある人がいました。彼が刑務所に入らなくて済むように私もできる限りの手を尽くし、本人も社会生活を送りながら頑張っていたのですが、しかし、選挙期間中にその人が再び万引きをして捕まってしまったのです。私が身元を保証していた関係で警察から連絡が来て、彼がまた罪を犯してしまったことを知りました。その時はまさしく選挙戦の真っ最中、私は選挙カーに乗って街中を回っていたのですが、ちょうど彼が万引きをしたというスーパーの前を通りがかりました。

私は、急いで車を停めて選挙のタスキを外して店に入り、店長を探しました。つまり、示談交渉に出向いたのです。出てきた店長は私の顔を見て「えっ、今、選挙中じゃないんですか」とびっくりしていました。「選挙中なんやけどな、ここで万引きをやってもうたのがおるやろ」と事情を話して状況を確かめると、彼が盗んだのはカップ酒と弁当1つ。値段にして700円くらいのものでした。

700円でも窃盗は窃盗です。しかも執行猶予中の再犯となると、そのまま刑務所に送られてしまうことになる。なんとか起訴を避けなければなりません。

知的障がいを持つ彼にとって必要なのは、刑務所に送り込むことではなく、適切な生活支援、周囲からのサポートです。刑務所に数年入れられてしまったら、そうした社会とのつながりが絶たれてしまう。出てきてからの生活の立て直しが難しくなることで、再犯を繰り返すようになってしまう可能性が高まるでしょう。それだけは避けなければいけないと考えました。

そこで、スーパーの店長に頭を下げて示談をまとめました。そして、「もう許してあげてください」という趣旨の上申書を店長に書いてもらい、警察と検察には「示談になりました」と連絡を入れたのです。盗られた側の人間が「許してやってくれ」と言えば、通常は起訴されません。

選挙運動の合間を縫って奔走し、私は彼が刑務所送りになるのをどうにか止めることができました。陣営のスタッフたちからは、「この忙しい最中に、一体何をやってるんや」と呆れられつつも「泉らしいな」と言われました。

「こいつを見捨てられへん」

こうして書いていると、選挙の時に私を応援しようと、自分なりのやり方で動いてくれていた人たちの顔を次々と思い出します。その中には、かつて反社といわれるような活動に関わったことのある人もいました。すでに足を洗い、カタギとなって働いていた人です。

私の支援者にはいろいろな人がいます。それぞれに、いろいろな背景を持って私を応援してくれている。この理不尽な社会をどうにかしたいという私の暑苦しいほどの思いに、それぞれの生き方の中で共鳴してくれる人たちが大勢います。

私の初めての市長選挙の時、彼はどうにかして私を応援したいと思い、自分が乗っている車に私のポスターを貼り付けて走り回っていたそうです。もちろん、告示日前のことです。彼の経歴もあり、その動向には警察も常に目を光らせているところではあったのでしょうし、そんなものを貼り付けて走り回っていたものだから余計に目立ってしまったのだろうとも思います。

警察が動いて、彼が逮捕されてしまうという事件が起きました。とかく選挙前というのは、警察もなんやかやと精力的に動き出すことが多いのです。

告示直前に、警察に捕まってしまったと、彼の親戚から突然連絡が入りました。

目がまわるような忙しさの中にありましたが、良かれと思って私を応援してくれていた人でしたから見捨てるわけにはいきません。よりによって彼が留置されていたのは明石からかなり遠い警察署だったため、さまざまな業務を終えて車を走らせること1時間、接見に出向いた時は深夜の12時を回っていました。私の顔を見ると、彼はなんとも言えないような申し訳なさそうな表情を浮かべました。

そして「ごめんなさい。選挙で大変な時にわざわざ来てもらって、それでもう十分です。もういいです。自分のことは自分でやります。しょうがありません。選挙頑張ってください。自分は捕まってしまってもう応援できませんが、当選をお祈りしてます」と言って、私に手を合わせてきた。

彼はそんなふうに言うけれども、こんなものはある意味で選挙に絡んだ嫌がらせに過ぎないでしょう。前からわかっていた情報をあえて今引っ張り出してきて、選挙中に嫌がらせをやっているように感じて、私は内心ひどく腹が立っていました。とはいえ告示の直前で、夜の11時くらいまで連日スケジュールがびっしりと埋まっていたのも事実です。

しかし、これは私の性格でしょう。「選挙、頑張ってください」と私に向かって手を合わせた彼の顔を見た瞬間、「こいつを見捨てられへん」と思ってしまった。「目の前のこの男を、なんとかまっとうに生きようとしているこの男を救わずに、俺は誰を救うために政治をやろうとしているんや」と思ってしまった。冷たい世の中で溺れそうになっている人たちを救いたいと思ってこれまで生きてきたのに、目の前の一人すら救えないで何が選挙や、と思ったとき、「弁護するから、すぐに弁選（弁護人選任届）を書け」と口が動いていました。

そこから連日、深夜0時過ぎに警察署まで接見に出向き、警察と交渉し、数日後に無事保釈を勝ち取りました。あの時は、警察署から帰ってくると夜中の2時を回っていました。そのあと3時間ほど寝て、朝の5時には駅立ちのために起きて準備をしていましたから、うちの陣営の中では「この人はバケモンや。自分の選挙の最中に、そんな弁護を引き受けて毎日接見に通うなんてリスクしかないのに」と話題になっていたようです。

ですが、そこは私にとって譲れないところ、生きる姿勢そのものでした。お前の職業は何や、弁護士やな、と自問する声が聞こえてくるわけです。

お前を応援して、お前の写真を車に貼っていたことで目をつけられて、結果として逮捕された男だ。その人間をお前は見捨てて当選するつもりか、なんのための当選だ、と自分のこれまでの生き方が自分に問いかけてくる。そうなるともう何も私を止められません。

しかし、おかげで自陣営の空気がピリッとさらに引き締まったことを覚えています。選挙は一瞬たりとも気の抜けない闘いです。あらゆる方向との闘い、自分自身との闘いなのです。

父のすごさを知った

先述のとおり、初めての市長選挙では、あらゆる主要政党にあらゆる業界団体、加えて多くの市議会議員も私の対立候補の支持にまわっていました。その候補者の当選はほぼ既定路線、大本命だと思われていました。一方で、福祉を中心とした地域の市民団体から出馬要請を受けて立候補した無所属の私は、当初はほぼ泡沫候補扱い。それでも、先ほどの男性のように、私が弁護士として明石の人と街のために奔走している姿をしっかり見てくれていた人たちがいました。彼らが私の応援に立ち上がってくれたのです。

選挙では、その人のそれまでの生き方がすべてさらけ出されます。その人がいかに生きてきたかがすべて見えてくるのです。

むしろ、それが見えてこないような選挙しか闘えない人、付け焼き刃の言葉で「皆さん!」と上から目線で語りかけるしかないような人や、誰かをひたすら攻撃して対立を煽るばかりで、自分が実現したいよりよき社会への具体的なイメージを語る言葉を持たない人というのは、果たしてそれまでどのように生きてきたのだろうかと考えてしまいます。

ところで、私の初めての選挙では、私の生き様だけでなく、父が地域の人たちにいかに信頼され慕われていたのかを実感するものとなりました。父に世話になったという人たちが、大挙して応援に駆けつけてくれたのです。

かつて、私が政治家になりたいという決心を打ち明けたとき、「お前を支援してやれるだけのカネも人脈もない、選挙は諦めてくれ」と泣いていた父親でしたが、まったくそんなことはなかったのです。

我が父は家庭の事情で中学校にもろくに行けませんでしたが、実はとても賢く心ある人でした。しかし、我が地元・二見町は、明石の中でも代々冷遇されてきた地域で、このままでは満足にメシが食えないと思った父は、あるとき九州に行き、有明の海苔《のり》養殖の研究に関わるようになりました。そこで得た知見を明石に持ち帰り、兵庫県の水産技術センターと組んで、地元で海苔の養殖をスタートさせました。

父は創意工夫が得意な人でしたから、明石の海に合うように品種改良を繰り返し、地域では最上級の品質の海苔を生産できるまでになりました。ところが、それがまた夫婦喧嘩の種にもなっていたのです。

というのも、父は無欲な人でしたから、品質の良い海苔を生産するために自分で開発した企業秘密のような技術を、惜しみなく周囲の同業者に教えて回っていたのです。母は「よそに教えたりしないで黙っとけ」と怒っていました。よそまで儲けさせることはない。自分だけがいい海苔をこさえて、うんと儲けを出せばいいじゃないか、というのがチャッカリものの母の主張でした。

しかし父は「房穂も多分継げへんし、うちの漁師はワシの代で終わりや。ほかの漁師たちがちゃんとやれるようにするのがワシの最後の務めや」と言って、自分の持っている情報を惜しみなくオープンにしていました。そして、自分のつくる海苔を後回しにしてまで、他人の海苔養殖のテコ入れに奔走するような人でした。

その意味で、父は私とは比べようもないほど、周囲の人たちの幸せのために力を尽くした人生を送っています。私利私欲とは無縁、村の人の幸せのために尽くしつつも恩に着せることはしません。縁の下の力持ちとなってコツコツと努力する。一方の母は、さほど他人に尽くしたりもしないのに、ちょっとでもやると恩に着せたがる人というか出しゃばりな人で、まさに私自身は、この父と母の特徴の両方が入っていると実感しています。結果として、父ほどの人格者にもなりきれず、母のような目立ちたがりな部分も強いのではないか。そんなふうに自分自身を分析しながら戒めているところです。

　話が少し横道にそれましたが、とにかく父のそうした生き様が、私の初めての市長選の際に大きな応援団を引き連れてきてくれたのです。

「あのヒデボン（父の愛称）の息子が立候補するんやったら手伝うで」という人たちが大挙してこちらの陣営にやってきて、掲示板のポスター貼りから何から、率先して手伝ってくれました。もちろん手弁当です。

　ポスターが歪んでいたり剝がれそうになっていたりしたらすぐに連絡をくれますし、自分たちで貼り直してもくれます。地域のために尽くしてきた父に、なんとか恩返ししたいという思いがその人たちを突き動かしている。党や組織によって動員される人たちとは気持ちの強さが違いました。

　そういう市民の思いを背負って、私は出馬しました。だからこそ、県知事肝煎りの大本命候補を69票という僅差で破り、勝利することができたのです。まさしく庶民である「私たち」の勝利でした。

あの時の少女が助けてくれた

選挙というのは、その人のそれまでの人生がすべて出てくる。これに関して、強く記憶に残っているエピソードを最後にもう一つご紹介しましょう。

弁護士時代、文字通り体を張って助けた高校生がいました。細かなことは書けませんが、彼女は精神障がいを持つ母親と暮らしており、母親のパートナーとのいざこざに巻き込まれていました。法的なトラブルに関しては弁護士の私が裁判所に掛け合うことで解決できたのですが、その後も男が家に襲撃に来るのではないかと高校生はひどく怯《おび》えていました。

私は、警察になんとかならないかと相談したり、精神衛生の問題として対応してくれないかと県の保健所（当時はまだ明石市独自の保健所がありませんでした）にかけあったりもしたのですが、行政組織はどこも動いてくれませんでした。

いよいよ男が来るかもしれないという状況に至ったとき、私はほかに手がないと思い、その家に行き、万が一の状況に備えました。男が襲ってきたら自分が体を張って止めるつもりでした。

その家には高校生の祖父母も同居しており「弁護士さんにそこまでしてもらうのは申し訳ない」と私を気遣ってくれました。しかし私は腹を括り「かまへん。保健所も警察も誰も動いてくれへんし、俺がしばらくおる」と答えました。幸い男が襲撃してくるようなことはなく、深夜には私はその家を失礼したのですが、あとで、お前は何をしているのだと周囲から呆れられました。

そんなことをして、万が一男からブスッと刺されたらどうするつもりだったのかと言われたものですが、しかし考えてみてください。私が刺されるような事態になるのであれば、当然、私がいなければその女の子が刺されることになるでしょう。私が刺されるのも理不尽なことですが、高校生がお母さんのパートナーに刺されてしまうのは、あまりに理不尽な話ではありませんか。同じように理不尽な状況になるのであれば、まだ肉付きもよく柔道もやっていた自分の方がマシだろうと考えた。実際、自分が刺されてもかまへん、という気持ちだったのです。

それから10年以上の歳月が流れ、２０１９年、私が出直し選挙に出た時のこと。当時、私は、道路拡幅工事のための立ち退きが遅れていることについて、職員に語った1年半前の言葉が盗聴録音されていて、市長選挙直前のタイミングでマスコミに流出し、「暴言市長！」との全国的な大バッシングにさらされていました。

あの発言の切り取られ方や流され方については思うこともさまざまありますが、とはいえ公職にあった者としてこれ以上言い訳をするつもりはありません。思いがあれば何を言ってもいいというわけではない。物事には言い方がある。相手を傷つけないような配慮、伝え方が大切だということをアンガーマネジメント研修を受ける中で学びました。激情型の自分自身を省みるいい機会となりました。アンガーマネジメントファシリテーターの資格を取得し、自分の感情を慎重に取り扱えるようになりました。人生は学びの連続です。

それはさておき、当時の私は暴言の責任を取る形で市長の職を辞したわけですが、そのとき、多くの市民が「泉さん、もう一度出馬してくれ」と声を上げてくれました。さらには、子どもを連れた30代前後の母親たちが立ち上がって、街頭で「今度は私たちが助ける番」というスローガンを掲げ、私の再出馬を求める署名活動を始めました。予想外の動きでしたから、本当にびっくりしました。

当時、彼らが掲げていたスローガンはもう一つありました。「たとえ立候補しなくても〝ありがとう〟だけは伝えたい」というもので、それを目にした私は言葉にならない思いで胸がいっぱいになりました。

最後までマスコミは「あんな暴言市長に市民の支持が集まるはずがない」「あんなのは泉の仕込みに違いない」と思い込んで、まったく報道してくれませんでしたが、私は、寒空の下、声を張り上げて署名活動をしている人たちの姿を目にして、泣けてきて仕方がありませんでした。自分は、こんなことで心折れている場合ではない、まだ明石のためになすべきことが残っているじゃないか、待っている人たちがいるじゃないかと出直し選挙への出馬を決意、結果として、かつての市長で県議としても長らく活躍してこられた無敗の対立候補にトリプルスコアで圧勝しました。あれは、まさしく「私たち選挙」の勝利だったと思っています。

市長に返り咲いてからまもない時のこと、一人の女性に声をかけられました。「泉さん、私のことを覚えてないと思いますけど、あの時、助けてもらった高校生は私です」と言ってきた。最初は何のことかと思いました。話を聞くと、彼女も「今度は私たちが助ける番」のスローガンを掲げて、私の再出馬を応援すべく署名活動に立っていた母親の一人だったというのです。

アッと思うと同時に、あの時のことが脳裏に蘇ってきました。

彼女の祖父母が「受け取ってください」と報酬を用意して渡そうとしてきたのを断ったことも思い出した。「金なんかいらん、一銭ももらえへん」と断りました。警察も保健所も子ども一人守ろうとしない、こんな理不尽な状況に対してあまりに腹が立ったから動いたに過ぎない。誰も守らんのやったら俺が守ったるという気持ちで勝手にやっただけで、こんなことで金をもらったら自分の気持ちがおさまらん、と鼻息が荒くなっていたことも思い出しました。

無事に大人になって、そして母親になったのか。あの時の子が、寒空の下で署名活動に立ち上がってくれたのかと思うと胸がいっぱいになりました。自分が必死になってやってきたことが、すべて今につながっている。そう確信させてくれた再会でした。

『みなしごハッチ』の大好きなシーン

人生でどのように生きてきたかということが、すべて選挙につながっている。かつて「ワシにはカネも人脈もないから、お前の力になってやれない、さすがに政治家は無理や。許してくれ」と父に言われたとき、私が反論したことは間違っていなかった。

選挙は人生そのもの。その人の生き様がすべて選挙に出る。他者のために労を惜しまなかった父の生き様が、党派を超えたたくさんの支援者を私の周りに集めてくれたように、「カネもいらん、有力者の人脈もいらん。きちんと生きていれば、市民の一人ひとりが力を託してくれるんや」と改めて思います。

金をばら撒いたり有力者に頼んだりしなければ支援者が集まってこないような人は、そういう生き方しかしてこなかっただけのことです。大切なことは、市民の力を本気で信じることができるかどうかにあります。

私は、子ども時代、テレビアニメの『昆虫物語　みなしごハッチ』が大好きでした。ミツバチのハッチが生き別れたお母さんを探しに行く冒険物語なのですが、クライマックスのところで、ハッチが強いスズメバチに襲われて絶体絶命のピンチに陥るシーンがあります。その時に何が起きたのか。

旅の道すがらにハッチに助けられてきた小さな昆虫たちが、今度は自分たちがハッチを助ける番だと一斉に集まってきたのです。てんとう虫やらアリンコやら、弱くて小さな虫たちが集まってきてハッチと一緒に強いスズメバチと闘い、ハッチを守ってくれるという感動的なシーンで、感極まって泣きながら見ていました。

困っている人に真摯に向き合い続けてきたら、自分がピンチに陥った時、あるいは支援が必要な時、自分が助けた人たちが、今度はこっちが助ける番だと駆けつけてくれる。現実に、私を政治の舞台に押し出してくれたのは、そういう人たちでした。

選挙の街頭演説でも、たくさんの人たちが次から次に駆けつけて、積極的にマイクを握ってくれました。大阪でホームレスだったところを私の支援で暮らしを立て直し、生まれて初めて図書館の利用者登録カードを持ったと喜んでいた無戸籍の男性、私が身元保証人になって執行猶予に持ち込んだ刑事事件の元被告人など、私が関わったたくさんの人たちが集まってきて、「なぜ明石市に泉房穂が必要なのか」を自分たちの言葉で語ってくれた。まさに、「つながればパワー」を訴え続けていた我が師匠、石井紘基さんの遺志を継ぐような選挙戦になったと思います。

一人ひとりの市民が私を守り、ともに闘ってくれたのです。

2期目に「暴言」を理由に引責辞任したのちの出直し選挙の際も、関西のテレビ局を中心に、私への悪口を撮ろうと全国のテレビ局が明石駅周辺の市民に取材をしていました。ところが、街行く人たちに何度マイクを差し出しても、次から次に市民が私をかばうのだそうです。「あの子、漁師の家の子でな、口悪いけど、許したって。悪い子ちゃうねん。

ごめんな。あの子、一生懸命やっててん」と口々に私を守ろうとしたといいます。

市長を３期で引退したのち、コメンテーターとして関西のテレビ局にしばしば出演していましたが、その時に局の人たちに「あの時は大変だった、市長の悪口を撮りたくてカメラを回しているのに、全然撮られへんかった」と言われました。

まさに、ピンチに陥ったハッチを助けるために、てんとう虫やアリたちが駆けつけてくれたように、明石の市民たちが私を助けてくれたんやな、と胸が熱くなりました。しかし、別に自慢話がしたくてこれらのエピソードを披露しているわけではありません。

実際、ここに至るまでの道のりは決して平坦ではありませんでした。僅差で勝った１期目などは、市議会も市役所も地元マスコミも業界団体も、ほとんどが私に敵対している状況で、市民の間でも私を本当に理解して支持してくれている人はまだごくわずか。

１期目から、市の財政黒字化や人口増などの目に見える成果を一定程度出してはいましたが、そんなことを評価してくれる人はほとんどおらず、どこの馬の骨ともわからん奴が勝手なことをやっている、というような空気が濃厚で、四面楚歌の状況が２期目の途中まで続いていたのです。

しかし、好きな四字熟語を挙げろと言われたら真っ先にこれを挙げるのではないかと思うくらい、私は「四面楚歌」という言葉が大好きです。四面楚歌になると、「ああ、絶体絶命や！」と嘆くのではなく、むしろ「さあ、ここからどうやって事態を打開しようかな」と知略を巡らせます。アドレナリンが出て酸素がサーッと全身を巡り、脳細胞も含めて身体中の細胞がプチプチと目覚めるような感覚になります。前後左右の四面が囲まれていたとしても、上を見れば空も見えるし、下には地面がある。空に飛び出そうか、地中深く潜っていこうかと知恵を絞る。

そうやって絶体絶命のピンチの中からいつも人生を切り拓いてきましたから、「四面楚歌、上等！」という気持ちになるのです。

市議会、市役所、県庁、マスコミと四面を敵に囲まれながら、しかし、上にジャンプしたり、水の中に飛び込んでみたり、自分の持てる力を余すことなく使い倒してきました。首長の権限である方針決定権と予算編成権と人事権を駆使して、予算を大胆に組み直し、必要に応じて何度も人事異動を行い、適時適材適所に人を配置して、私の考える「温かい明石」のための改革を一つずつ実現させていった。

その結果、経済の好循環が目に見えて実感できるようになり、コロナ禍で苦しむ学生や商店街への全国に先駆けた奨学金や助成金の支給が実現し、自分たちの暮らしが「救われた」という実感、「使えるお金が増えた」「明石の商店街に活気が出てきた」というリアリティがじわじわと広がっていった。

それにより、2期目の終わり、引責辞任に続く出直し選挙では対立候補にトリプルスコアで圧勝、「私たち選挙」の集大成ともいうべき風景が繰り広げられることになったのです。

それでは、いかにして「明石市民、全員野球」みたいな状況に変わっていったのか。次の章で、選挙戦の具体的な戦略についてひもといていきましょう。

第3章 情熱と戦略のあいだ

選挙は3つに類型化できる

一言に「選挙」といっても、その種類によって闘い方も票の読み方もまったく異なります。それなのに、マスコミはどの選挙においてもワンパターンな報道を繰り返し、選挙戦の分析もステレオタイプなものばかり。その結果、多くの人は「選挙というのはおしなべて金も時間も手間もかかる大変なものなんだ」と思い込んでいます。しかし、それは誤解ですよと声を大にして言いたい。

もちろん、金も時間も労力もかけなければ勝てない厳しい選挙は確かにあります。しかし、それがすべてに当てはまるわけではありません。中には手間も時間も金もさほどかけず、短期決戦で一気に勝負に出た方がよい闘いもあるのです。

選挙は、大きく3つのタイプに分類できます。自分が闘おうとしている選挙はどのタイプに当てはまるのか。本気で勝ちをとりにいくならば、まず丁寧に分析する必要があります。

3類型についてざっくり説明すると、次のようになります。

（1）1つの選挙区の中で10人以上が当選するような選挙（棒グラフ選挙）
（2）定数3～5人くらいの選挙（円グラフ選挙）
（3）1人区や首長選挙など、たった1人だけが当選する選挙（シーソー選挙）

コツコツ数字を伸ばす「棒グラフ選挙」

（1）は、選挙区が分かれている政令指定都市以外の、基礎自治体の議会選挙です。あるいは、改選50議席を争う参議院選挙の全国比例区もこのタイプです。当選者も多いが候補者も多い。

世の中に出回っている「金を使い、時間を使い、労力が必要な大変な選挙」のイメージは、このタイプの選挙を想定したものです。候補者がズラリと横並びになって、営業マンが営業成績を競うように票を積み上げてグラフを伸ばしていきます。私はこれを「棒グラフ選挙」と名付けています。

例えば、人口30万人の中核市である明石市は、市議会議員の定数が30。30の議席を巡って40人以上が立候補します。選挙掲示板には数々の候補者の写真がズラリと並び、有権者はこの中からたった1人を選ばなければなりません。誰がどんな公約を掲げているのか、一人ひとりをチェックするのも大変です。

候補者の側にしてみれば、何十人もの候補の中から自分の名前を覚えてもらって、投票日当日に思い出して書いてもらわなければなりません。自分の名前を浸透させるためのハードルがかなり高く、時間も労力もかかる選挙です。早くからチラシを撒いたり集会を開催したり街頭演説をしたりしても、思うように得票が伸びないこともある。選挙直前になって慌てて準備を始めたのでは間に合いません。

一方で、投票率にもよりますが、せいぜい２０００票も取れば当選ですから、手堅い組織を味方につけてしまえばさほど苦労はしません。労働組合や業界団体、宗教団体などは、組織内でくどいほど締め付けて投票すべき候補者の名前を覚えさせるので、票を手堅く積み上げた上で、複数の候補者に配分できます。こうした組織を背後に持った候補者は、選挙が始まる前からすでに２０００票を超える票を積み上げており、告示前にすでに結果が出たも同然なのです。

前述の通り、参議院選挙の全国比例区もこの棒グラフ選挙に類型されます。全国区において大勢の候補者が立ち、50議席を争います。政党名もしくは候補者名を書いてもらい、得票数に応じて議席が各党に配分され、党内で個人名票の多い順に当選が決まります。

　基本は、それぞれが個人票をいかに積み上げられるかの闘いになる。横並びの棒グラフをいかにして少しでも伸ばしていくか。その上で、党名でも投票できるので、その場合はパーセンテージを読む選挙となり、次に述べる（2）の要素も含まれてきます。労働組合や業界団体、医師会などの太い組織の応援を得て何十万票をかき集めていく。あるいは、全国レベルで知名度の高い候補者を並べて、そこで得票数を稼ごうとするのです。

　私が市長を引退する際に設立した「明石市民の会」から5名を擁立して闘った明石市議会選挙も、会への支持を読む上ではパーセンテージ型の円グラフ選挙という要素もあるのですが、この辺りは具体的な闘い方として第4章で紹介しましょう。

　いずれにしても、棒グラフ選挙を闘うには、手堅い組織票を固めていくか、知名度をコツコツ高めていく必要があり、時間もお金も手間もかけたお決まりの選挙イメージに近い戦いになります。

属性などで割合を読む「円グラフ選挙」

続いて（2）の「円グラフ選挙」とは、3〜5くらいの議席を争う選挙のイメージです。政令指定都市の議会選挙や、都道府県議会の選挙が典型です。あるいは、参議院選の複数人区も、これに当てはまります。

ここでは、兵庫県議会選挙を例に考えてみましょう。県議会全体の定数は86ですが、明石市選挙区が持つ定数は4。丸い円グラフの中で、上位4人のみが当選圏内に入れます。では、何パーセントを取れば確実に当選圏内に入れると読むのか。

定数4を争う選挙の場合、１００％÷４（定数）＝25％ではありません。４人までが通り、５人目は通らないわけですから、１００％÷５（定数＋１）＝20％という計算で当選ラインを読みます。20％をわずかでも上回れば当選できるということ。例えば、横並びの大接戦となった場合でも、20・５％をとった人が４人いた場合、それで82％になります。残りは18％ですから、それを残りの候補者１人が独占したとしても通りません。

「明石市民の会」から１名を擁立して当選した２０２３年の県議会選挙では、明石選挙区の定数4に対し7人が立候補しました。この時の闘い方については次の章で細かく紹介しますが、20％を少しでも上回っていれば、ほかの3名に僅差で負けていても4人で80％を超えるので確実に勝てるわけですが、私たちが立てた新人の候補者の得票率はそれを遥かに超える31・5％でした。2位の当選4回目というベテラン現職が15・9％ですから、およそダブルスコアでの圧勝だったのです。

円グラフ選挙の特徴は、かなり乱暴に言うと「候補者の固有名詞は誰でもいい」ということになります。名前も人間性も知名度も関係ありません。その人が属する政党などの支持率、属性によってほぼ当落が決まるからです。

参議院の選挙区の場合、東京は定数6（今回は7）ですから15％くらいの得票で当選できます。一定の支持がある政党であれば、無名か否かを問わず候補者1人は通すことが可能なのです。一方、参院選の比例であれば、先述の通り、政党としてはパーセンテージの円グラフで考えられますが、その党内の比例候補者にとっては自分の名前を書いてもらう必要があり、その意味では棒グラフ選挙として闘う必要があります。同一の選挙においても棒グラフ的要素と円グラフ的要素の両方を持っているということです。

一方で、大きな政党とは関係なく、無所属や、私が設立した「明石市民の会」のような小さな政治団体から出た場合、「大きな政党に属さない」＋「＊＊が推す」という属性だけで、一気に各政党支持率などを突き抜けた存在感を示すこともあります。この闘い方については後述しましょう。

いずれにしても、このタイプの選挙は、属性次第で一定の割合が見込めるので本人の知名度の浸透も必要なく、棒グラフ選挙のように金や時間や手間をかけることなく勝ちを狙えるといえるでしょう。

文字通りの一騎打ち「シーソー選挙」

（3）の「シーソー選挙」とは、たった1人が当選する選挙で、なおかつ一騎打ちの構図となる選挙のことです。こっちが勝てば向こうが負ける、あっちが〇ならこっちが×ですから、別名「マルバツ型選挙」と名付けています。国政選挙の1人区や首長選挙がこれに当てはまります。

東京都知事選のような大きな広域自治体の選挙は、各政党の候補者や著名人、ユーチューバーまで入り交じり、それこそ当選を目指さないような人たちまでが大勢立候補して選挙ポスターの掲示板スペースが足りないほどの大乱立になったりすることもありますが、基礎自治体の首長選挙では、シーソー選挙の構図になることが少なくありません。

シーソー選挙では有権者は二択しかありません。ランチのドリンクセットで「コーヒーか紅茶、どちらがいいですか」と聞かれたときに、「ジンジャーエールで」とか「私はビールで」などと選べないのと同じように、候補者2人のうちどちらかを選ばなければならない。

どちらもイマイチだとしても、よりイマイチだなと思う方に×をつけるならば、自動的にもう一方に◯をつけるしかないのです。闘う側にとっては、本人の知名度をコツコツ積み上げる棒グラフ選挙と比べて、金も手間も時間もかかりません。

私が2011年に初めて明石市長選挙を闘った時もそうでした。むしろ、この構図に持ち込めなければ私の勝利はなかった。一騎打ちでなければ、県知事肝煎りで、全政党や多くの業界団体が乗っている大本命に、組織の後ろ盾の何もない私が、69票差という僅差ではあれ勝つことはできなかったでしょう。似たような「無所属・改革派」のほかの候補者が出ていたならば、私に勝ち目はなかったのです。

無所属の市民派新人がベテラン現職や大本命に挑むような場合は、この構図に持ち込めるかどうかが勝負です。逆に、この構図に持っていくことさえできれば、短期決戦で勝ち切れる可能性が高まります。

この構図において、新人の知名度は関係ありません。「これまでの古い政治を続ける既得権益派」と「市民と一緒に新しい政治に変えていく庶民派」ですから、向こうが×ならばこっちは◯。それ以外の選択肢はありませんから、長々と選挙戦を展開する必要もない。本人のガンバリズムは不要、相手の出方をギリギリまで待ってから出馬を表明してもいいのです。むしろ、第三の候補者を立てて批判票を割るといった動きを向こうにさせないためにも、ギリギリの出馬表明の方がいい場合もあります。

野党候補が乱立すると、現職への批判票が割れてしまうので、その時点で現職の勝ちがほぼ決まってしまいます。与党現職を倒すためには、野党候補を一本化させることが極めて重要です。「国民の負担増の政治を終わらせる」という目的のもと、ギリギリ共闘できる路線で野党を大同団結させて一本化できたならば、現職を倒せる可能性はかなり高くなるということです。

一方で、私の2回目の市長選挙は、1回目の攻めの選挙から一転、現職として守りの選挙となりました。４年前に69票という僅差で私に負けた相手サイドは、４年間で必死に巻き返しを図ってきました。

自民党推薦の対抗馬との闘いは厳しいものになると予想されましたが、そこに第三の候補が登場します。泉市政に批判的な無所属の女性が出馬を表明したのです。彼女の登場で一騎打ちの構図が崩れて三つ巴となり、円グラフ的な選挙となった。おかげで現職への批判票が２つに割れ、私は50％以上を取らなくても勝てる闘いになりました。結果、私は再選を果たしますが、得票率は48・７４％と50％を切っていましたから、相手が２人に割れていなければ再選は厳しかったかもしれません。

ところで、私が明石市長を退任したあとの後任を決める２０２３年4月23日の市長選挙は、泉市政12年がマルだったかバツだったかを問う、まさにこのマルバツ型の選挙でした。あの時は、自民党・公明党が推薦する候補に対し、私が後継として推薦した丸谷聡子《まるたにさとこ》さんが、ダブルスコアの大差をつけて64・７４％という得票率で圧勝します。

当時、自公推薦の対立候補も、「子育て支援５つの無料化」など「泉市政の継続」方針を打ち出していましたから、公約の上では差別化が図りにくくなっていました。結果として、「泉が応援している」候補と、「泉が応援していない」候補による一騎打ちだったのですが、当時、市民から圧倒的な支持を得ていた私が「次は丸谷聡子さんや！」と太鼓判を押すことで、このマルバツ型選挙を有利に闘えることは、告示前からわかりきっていたことでした。

「28対27」の法則

選挙は、とても美しく平等な制度ですが、一つ悩ましい問題があります。それは投票率です。

シーソー選挙の一騎打ちの構図に持ち込むことができた2011年の初めての市長選挙の時。相手は主要政党が全部乗っかった大本命の新人候補であり、多くのマスコミが彼の勝利を信じて疑いませんでした。しかし、選挙期間中に街頭に立つと、圧倒的に私を応援する空気が濃厚であるのを肌で感じることができました。

街中では、100人のうちの70人が私に手を振ってくれるような状態でした。そして、残りの30人が相手候補を支持している組織の人たち、つまり労働組合や政党関係者や業界団体、宗教団体などの関係者という雰囲気でした。もしも明石市の全有権者が投票したとしたら、70対30のダブルスコアで圧勝できていたであろう街の空気だったのです。

しかし、蓋を開けてみたら五分と五分、69票差と僅差での辛勝となりました。いったい何故、街中の空気と実際の得票率がこれほど違ってくるのか、その答えは投票率にあります。それぞれの支持者の投票率が異なるため、街中の空気と開票結果が大きくズレてくるのです。ここを読み間違えると、「街中は私への応援モード一色だ、これは圧勝だ」などと状況を見誤ることになります。

私には、街の空気の濃度がかなりの精度で見えています。街頭に立っていると、ああ、今ここに100人いるとしたら、そのうちの70人が私に手を振ってくれているな、とか、今回は80人までできているな、と感じ取ることができる。しかし、70人が手を振ってくれているのだから、これは圧勝だ！　と思うのは大きな間違いです。

とりわけ、ベテランの候補者よりもチャレンジャー候補は街中で手を振ってもらえる割合が高くなりがちです。人は、心情的に変革をもたらそうとするチャレンジャーを応援したくなるものです。しかし、街中で手を振る人たちの投票率は、手堅く組織で動く人たちのそれとはまったく違うということを肝に銘じておかなければ、戦況を見誤ります。

宗教団体や組合、政党関係者などの組織の人たちは非常に手堅く、その9割くらいが投票に足を運びます。一方で、私に手を振ってくれる組織に属さない人たちの投票行動は、かなりふわっとしています。お天気が良かったら投票に行こうかな、とか、逆に天気がいいと遊びに出かけちゃうから投票には行けないけど、期日前投票をするほどでもないな、というようなふんわりとした投票行動をとる人が少なくありません。組織の人たちの9割が投票に行くのに対し、これらのふわっとした応援団で投票に行くのは4割程度と考えた方がいい。街中の空気の濃度と、投票率、この2つを掛け合わせると、おおよその得票率が見えてきます。

つまり、街中で70%の人たちが自分を応援してくれていると感じたとしても、70×0・4で、投票に結びつくのはおおよそ28%くらい。一方で、組織がバックについている対立候補はわずか30%の支持であっても、その9割が投票に行くので、30×0・9で27%。つまり、28対27の僅差でなんとか勝ち抜ける、という感じになります。実際、私の1期目はこの通りの結果になりました。

では、後継市長の丸谷さんはダブルスコアで圧勝できましたが、この時の空気の濃度と投票の比率はどのようなことになっていたのでしょうか。街中は80%がこちらを応援してくれている空気でした。そして、この応援の濃度が高くなると投票率も引っ張られて上がっていく。この時は、4割を超えて、4割5分くらいの人たちが投票に足を運んでくれたと感じました。

つまり、80×0・45で36%、そして相手の組織票は20×0・9で18%となる。まさにダブルスコアです。街中の空気が80まで濃くなり、投票率が引っ張られるように上がってきてようやく圧勝なのです。街中の人たちの7割くらいが応援しているだけではギリギリの辛勝。6割ではとても勝てません。

ですから、私は応援を頼まれて入った各地の首長選挙でも、この28対27の法則を必ず伝えるようにしてきました。

「街中で応援モードが濃厚でも気を抜いたらあかんで。7割くらいの人たちが支持してくれている状況に持っていけたとしても、自分の支持者の投票率を4割に持っていってようやく28対27くらいの勝負に持ち込めるんや。支持者の投票率が3割と低迷したら、街中の応援モードを体感8割くらいまで持っていかないと勝てへんで」と檄《げき》を飛ばしています。

街中で、大勢が手を振ってくれたり集まってきて握手してくれたりと、ものすごい応援モードを感じたとしても、投票率に関しては、組織の手堅さ、律儀さにはどうしても敵《かな》わないのです。しかし一方で、大勢の無党派層の投票率が跳ねることで、一気に風が起きることもあります。

小泉郵政選挙で吹き荒れた突風

選挙の時の風向き次第で、風景が一変する。時に、一気に形勢が逆転するような嵐が吹き荒れることもあります。2005年9月11日に小泉純一郎首相(当時)が仕掛けた「郵政民営化選挙」は、その象徴とも言える戦いでした。

当時、小泉さんの悲願でもあった郵政民営化法案は、まず衆議院で可決しました。とはいえ自民党の内部から造反者が続出したため、賛成233票vs反対228票と薄氷を踏むようなかろうじての可決でした。そして、参議院でも自民党内から造反者が続出し、賛成108票vs反対125票で、郵政民営化法案は否決されます。

すると、小泉さんはすかさず同日に衆議院の解散を宣言したのです。この解散に反対した農林水産大臣の島村宜伸さんは、解散のための閣議書への署名に最後まで抵抗し、辞表を提出しました。しかし小泉首相はそれを受け取らず、閣議を中断して島村さんを罷免、さらに首相が農水大臣を兼務して衆議院解散を閣議決定するというウルトラCを演じて、一気に解散まで持ち込んだ。

あれは、まさに小泉式劇場型選挙の幕開けだったと言っていいでしょう。

当時の私は民主党の国会議員でしたが、民主党は「郵政民営化なんて枝葉の問題だ。生活に直結するもっと大事なテーマがあるだろう。郵便局の問題を焦点にしたような選挙で自民党が勝てるわけがない」とほぼ全員が思い込んでいました。野党だけでなくマスコミも同じ認識でした。「そんなことをやったところで、自民党はボロ負けする。下手したら党が真っ二つに割れて、小泉は失脚するだろう」とタカを括っていた。

そこで民主党は、「もっと大事なことがある」というキャッチコピーを掲げて選挙を戦うことにしました。しかし、あのとき風を大いに見誤っていたのは野党でありマスコミの方だったのです。

たった一人の総理大臣が、閣僚の首を飛ばして自分が兼務してまで内閣を統一させて解散に打って出たことの衝撃は大きかった。「郵政民営化は是か非か」を問うワン・イシューの一点突破で、あらゆる風を吹き飛ばした。解散の際の小泉さんの演説が、世にいう「ガリレオ演説」です。以下に抜粋します。

400年前、ガリレオ・ガリレイが天動説ではなく「地球は動く」という地動説を発表して、有罪判決を受けました。そのときガリレオは「それでも地球は動く」と言ったそうです。私は国会で「郵政民営化は必要ない」という結論を出されましたけれども、もう一度国民に訊いてみたいと思います。本当に郵便局の仕事は、国家公務員じゃなきゃできないのか。民間人がやっちゃいけないのか。これができないなら、どんな公務員削減ができるのでしょうか。どういう行政改革ができるのでしょうか。

改めて読んでみると、ガリレオが唱えた地動説ほど、社会の根本をひっくり返すようなアンチテーゼを突きつけたとは思えないのですが（この20年近く前に国鉄はすでに民営化されていますし）、しかし、「なんと言われても正しいものは正しい」という小泉さんのあの言い切りは国民に強烈なインパクトを与えました。「私は国民の皆さんを信じます。皆さんはどちらを選択しますか」という、時の総理からのメッセージに、それまで投票に足を運んだことのない人たちまでもが一気に動いたのです。

河村たかしさんの嗅覚

あの演説を聞いた瞬間、妻は私の負けを確信したそうです。

郵政民営化は必要なんですか、必要ないんですか、と総理が直接国民に問うなど、日本人にとって初めての経験だったのではないでしょうか。マスコミも知識人も敵に回しつつ、「私は国民の皆さんを信じます。皆さんはどちらを選択しますか」という総理からの直接の呼びかけに、それまで投票に足を運んだことのない人たちが一気に反応し、小泉ブームが起きました。

実際、私が街頭で演説をしていると、これまで投票に行ったこともないというような若い人たちから「ちょっとちょっと、あなたは郵便局に賛成、反対、どっちなん」と声をかけられたりもしました。「郵便局に賛成か反対か」って、ほんまに意味がわかっているんかいな、という感じでしたが、つまり、小泉さんの掲げる「郵政民営化」の本質をほぼ理解できていない人たちまでもが大挙して投票に行ったのです。彼らの票を掘り起こしたことで投票率が跳ね上がった。

この小泉劇場は、構図は恣意的に作り出せるのだということをリアルに見せつけてくれました。風向きは一瞬で変えることができる。すると、マスコミも雪崩を打つように、どこの選挙区にどこの刺客候補だホリエモンだなんだと、郵政民営化の是非はそっちのけで刺客候補をセンセーショナルに取り上げるようになり、結果として刺客の勝利に貢献していました。その意味では、世論の風の勢いとマスコミの怖さを学ばせてもらった選挙だったともいえます。

一方で、一定の問題意識を持って民営化を捉えていた人たちは、小泉さんの起こした風に乗っていません。私は、2年前の総選挙と同じく兵庫2区から民主党公認として出馬し、この解散総選挙を戦ったわけですが、実は、得票数自体は初出馬の2003年の時から落ちていないのです。2003年の私の得票数は8万61票で、この郵政解散の際は8万3380票でしたから、むしろ3000票以上伸びている。私を支持してくれていた人たちの票が離れたわけではないのです。しかしそれ以上に、一瞬で変わった風向きの瞬間風速がそれを上回ったということです。

SNSによる情報拡散力が格段に増した昨今、2024年の東京都知事選や兵庫県知事選などで起きた現象とも似ているのですが、SNSの少ない時代にあの旋風を巻き起こした小泉劇場は、ある意味で見事だったといえるでしょう。

古い自民党を「ぶっ壊す」というキャッチフレーズで、自民党に「新しさ」をもたらしているかのようなイメージを作り出すことに成功した。なにしろ、自民党は480議席中296議席も獲得し、選挙前議席から84議席も伸ばす大躍進、比例東京ブロックでは、名簿に登録した全議員の議席を取り尽くしてしまい、余った1議席分を社民党にプレゼントするという珍事まで発生したほどでした。一方の民主党は、選挙前の177議席から64議席も減らす大惨敗でした。兵庫2区で私がいくらシャカリキに動いたところで、太刀打ちできるはずもなかった。

ところが、あの大逆風の中、民主党候補でありながら10万5449票も獲得して当選したのが愛知1区の河村たかしさんでした。ご存知、今は減税日本という地域政党の代表を務める前名古屋市長です。私と彼は意外と気が合います。政策一つひとつが一致しているわけではありませんが、国民負担を軽くするというメッセージを最優先に打ち出すところに加えて、何が何でも「勝ちにいくぞ」という腹の括り方に、私と似通ったものを感じるのです。

彼はあの時、「郵便切手が安くなるんやったら、ええ話やな」というようなメッセージを発信して逆風を跳ね返した。民営化でなぜ切手が安くなるのか、その理屈がよくわからない上、実際には党に反旗を翻《ひるがえ》すような発言ですが、それを例のおちゃらけたスタイルで言い切って、あの郵政民営化ガリレオ選挙を生き残ったのです。それくらいのことをしなければ、あの選挙で民主党候補への逆風を跳ね返すことはできなかった。その辺りの河村さんの嗅覚の鋭さと振り切り方は、ずば抜けていると感じます。

妻は最高の選挙参謀

ところで、勝負のタイミングを見極めることも、「勝ちにいく」上で極めて重要な要素です。時は少し遡《さかのぼ》りますが、2003年10月の総選挙への初出馬の前年、2002年末のタイミングで、私は翌年4月の明石市長選挙への出馬を模索したことがありました。

当時、市長選への出馬の意向を表明していたのが、父親の代からずっと兵庫県議会議員をやっておられた北口寛人さん。彼の父親である北口進さんは20代で明石市議会議員になり、その後は県議会議員選挙を十何連勝という、当初は私の両親も応援していた人物でした。北口寛人さん自身は私の2歳年下、中学校の後輩で、長い付き合いの友人でした。彼は父親を継ぐ形で県議会議員となり、めっぽう選挙に強い北口親子として地元では有名でした。

その彼が、私のところに「市長選に出ようかと思っているので応援してほしい」と相談に来たのです。私はびっくりして「僕が市長選にいずれ出るつもりでいたことは、君も知ってるやないか」と反応してしまいました。そのような経緯もあって、自民党と市民派のグループからそれぞれ「市長選に出馬しないか」との打診が私に来たのです。

北口寛人さんは、今や自民党所属の県議会議員ですが、当時は民主党の議員でしたので、自民党はめぼしい対抗馬を探していたのです。もう一つは、それまで私が支援していたような活動を担っている市民派の方たちが、市民派候補として出てほしいと要請に来られた。その2つから要請された時、私としては今が出馬の時ではないかと一瞬考えました。

2002年10月に石井紘基さんが志なかばで斃《たお》れ、その遺志を何らかの形で引き継ぎたいと考えていたタイミングでした。加えて、石井さんが私に40歳まで待てと言ったとおり、私はいよいよ翌年で40歳になろうとしているタイミングでもありました。無所属でも闘える自信がありましたから、これらの出馬要請に乗れば十分に勝てる状況だと思ったのです。

しかし、私のその甘い読みに強烈なノーを突きつけてきたのが妻でした。「これは負ける戦いです。今のあなたの状況では勝てません。妻として負け戦をさせるわけにはいかない」と、頑として譲りませんでした。

「なんで勝たれへんねん。勝負に出るべきやないか」と、かなり激論を交わしましたが、妻は淡々と「あなたは、自分がそれなりに地元で知られていると思っているかもしれないけれど、あなたを応援してくれている人なんて、ほんの一握りです。ほとんどの市民はあなたのことなんか知りません。あなたには、その状況が見えていない。負けるような選挙に出すわけにはいかない」と首を横に振り続けました。私は妻のことは心から尊敬しており、その妻がここまで言うのであれば自分にそこは突破できないと考え、最後は撤退を決断します。

この時、妻は、北口さんに対してきちんと前言を撤回して謝罪しておくべきだと言いました。なるほどと思った私は、年の瀬も近いせわしない頃でしたが、妻と二人で北口さんの家に行き、「喧嘩をふっかけて、すみませんでした」と頭を下げました。出馬の意向を取り下げるにあたって仁義を通したというところでしょうか。この辺り、妻は一本の筋が通っていてアッパレと思います。

妻はその後、「（総選挙で）兵庫2区なら、あなたは比例で復活当選できる」ということまで読んでいました。ある意味で最高の選挙参謀なのですが、この時の市長選出馬を妻が押しとどめてくれたことが、結果として、のちの市長選挙で大本命の対抗馬に69票の僅差で競り勝ち、さらには3期目目前の出直し選挙で北口さんとついに直接対決を果たし、トリプルスコアでの圧勝につながったのですから、妻の洞察力と判断力、先を見通す目の確かさに改めて畏敬《いけい》の念を抱いているところです。

今回、国政への再挑戦を決めた時も、妻は賛成というわけではありませんでした。妻は「あなたは政治家ではなく、市民活動家の弁護士として世のため人のために尽くした方がいい」と一貫して言い続けています。

「上手に嘘もつけないし作り笑顔もできないあなたのような人間は、政治の世界に向いているとは思えない。あなたが頑張れば頑張るほど嫌われるだけ。市長として12年、十分にやったのだから、これからは弁護士として子どもの虐待防止だとか、社会のセーフティネットからこぼれ落ちそうになっている人の支援だとか、世のため人のためにその能力を使ってほしい」と言うのです。

一方で「外側から批判するだけのテレビのコメンテーターは、もうやめてほしい」という思いがことさら強かったようです。コメンテーターを続けるくらいなら、政治の舞台に戻った方がまだマシだと思ってくれたのでしょう、今回もなんとか同意してもらえました。

なぜ落下傘候補を引き受けたのか

ところで、2003年の明石市長選への出馬を断念した私は、前年の10月に殺された恩師・石井紘基さんの「泉くんは40歳くらいで政治家になるだろう」という言葉を思い出していました。

しばらくは北口市長の時代が続くだろうと思う一方で、自分も政治家として踏み出すのならば40歳になる2003年だと心に決めていましたから、国政へと気持ちが向かっていった。国会議員として国政のあり方や中央省庁の実態を学ぶことは、いずれ明石市長になった時に生きてくるに違いないと考え、2003年秋の総選挙への出馬を決意しました。すぐに国政の現場で仕事がしたいと思い、確実な当選を最優先にした結果、我が地元の明石が入る兵庫9区ではなく、落下傘候補のような形で兵庫2区への出馬を決めました。ではなぜ、兵庫2区であれば確実に議席が得られると判断したのか、少しご説明しましょう。

兵庫2区は神戸市の一部です。神戸市は兵庫1区から4区までまたがっています。中でも1区から3区までが神戸の主要エリアなのですが、この3つの区の地元では、公明党・自民党・民主党がバーター取り引きをして1議席ずつ確保できるように棲《す》み分けをしていたのです。その結果、1区は自民党、2区は公明党、3区は民主党という差配になっていました。1区と3区は、公明党からの組織票を当てにしていたような関係性にあったわけです。

2区の市民にとっては、公明党か共産党どちらかの候補者を選ばなければならないという状況が続いていた。その二択で「どないせいっちゅうねん」と思っていた有権者は少なくなかったのです。第三極として民主党から私が出馬することで、2区の有権者にとっては選択肢が増えるという喜ばしい状況になり、一定の得票が見込めることは出馬前から読めていました。

当時の民主党党首である菅直人さんから出馬を打診された私は、出馬にあたり2つの条件を示しました。一つは、石井紘基さんがやりかけていた犯罪被害者救済のための立法に取り組みたいということ。もう一つが、不払いの養育費を行政が立て替えるような仕組みづくりを検討したいということ。この2つのテーマを仕事としてやらせてもらえるのであれば、出馬要請に応じると答えたところ、菅さんは二つ返事でOKをくれたので、私も国政への出馬を決断するに至りました。その決断の過程において、死ぬ気で勝ちにいくようにと妻から厳しく詰められたことは、第1章で述べたとおりです。

「お前の勇気に1票や」

地元の3党のバーターを無視する形で出馬した私は、ほぼ組織の応援なしに知り合いもいない兵庫2区で戦うことになりました。ですが、ここでのポイントは政党や組織票ではないのです。公明党と共産党しか選択肢がなかったところに、どこの馬の骨ともわからない40歳の弁護士が突然出てきたということ。それ以上でもそれ以下でもありませんが、それで十分でした。それだけで、「好きなのを選べと言ったって、公明党と共産党だけで選べるかい」と思っていた有権者にとっては「これや！」となる。語弊を恐れずに言えば、それがどんな人間であったとしても、ということです。

「食後のフルーツ、ドリアンとジャックフルーツのどちらがいいですか」と聞かれたとして、もちろん、どちらの果物にもそれぞれ魅力はあり、当然好きな人もいるとは思いますが、全体数から言うと、「ぜひ、ドリアン食べたい」と反応する人はそれほど多くないかもしれません。「ジャックフルーツって、どんな味？」という人も多いはずです。「もっと、食べ慣れているバナナとかりんごとかないの？」という感じ。そこに「はい、私、バナナです」という具合に立候補してきた奴がいたら、「ああ、もう、それでいいわ」となるでしょう。こんな言い方をすると身も蓋もないかもしれませんが、これが私の兵庫２区での選挙戦の実態だったと、自分なりに冷静に分析しています。

実際、どこの馬の骨ともわからない私が選挙カーを借りて街に出た途端、ゆっくりと車を走らせているだけで通り過ぎる人たちが手を合わせてくれるのです。マイクを握った瞬間、道行く人が、「お前の勇気に１票や。お前、誰か知らんけど、よう出てくれたわ」と声をかけてくれる。

「公明党と共産党のどっちかに入れろって言われたって、入れようがないがな」という人たちが大勢いた。この選挙区に、２つの党を割ってよくぞ入ってきた。その勇気に１票や、ということでした。それ以上でもそれ以下でもない支持の表明です。

その意味では、1議席を3人で争う構図ながら、実態としては「個性のある果物」vs「オーソドックスな果物」のシーソー選挙に近いものがあったと思います。

とはいえ、結果は小選挙区では公明党の候補者に追い抜かれてしまい、比例復活だったわけです。しかし、これも当初からの読み通りでした。というのも、私の出馬によって公明党が俄然本気を出して巻き返しを図ってきたからです。九州や四国から大挙して応援に押しかけてきた。兵庫2区の街が、九州ナンバーの車で溢れかえるような事態が起きていました。公明党が党をあげて追いかけてきたので、最後は追い抜かれたという展開でした。

こちらとしても地元に知り合いもいない刺客候補ですから、自分の立候補を表明したら、あとは街中を走り回って政策を訴える以外にできることもありません。もちろん、私も言葉を武器に必死に戦いましたが、とはいえ本気で巻き返しにきた公明党の恐ろしいほどの勢いに追い抜かれていくのを見ているしかないような状況でした。

その前の市長選挙への出馬を断念した私としては、一刻も早く国会に行き、犯罪被害者の救済や養育費不払い問題などについて勉強して議員立法へとつなげて、その経験をいずれ市政に活かしたいという思いでしたから、何が何でも小選挙区で勝たなければならないとも思っていませんでした。泉房穂って誰や？　という人たちに、少しでも言葉を響かせることができれば、比例復活できるだけの得票は十分に可能だろうという目算だったのです。

とはいえ、小選挙区の結果が出た瞬間に、敗戦の弁をマスコミから求められた時には、まだ選挙は終わってないやん、比例復活で何時間後かにバンザイすると読めているのに、なんで判で押したようなコメントばっかり欲しがるんや、と正直やや辟易《へきえき》しました。むしろ、この選挙区の特殊性のようなものに焦点を当てた報道をした方がよほど意味があるのではないかと思いつつ、一応は大人ですので、もっともらしい敗戦の弁を述べましたが。

実際、マスコミには前例を踏襲するだけのステレオタイプな取材が多くて、がっかりすることが少なくありません。もちろん、マスコミに「お手柔らかに」などと言いたいわけではありません。公職にある人間はマスコミから厳しい追及を受けることは当然のことだと思っています。むしろ、丁々発止と政策の是非について突っ込んできていただきたい。そうしたぶつかり合いによって政策が揉まれていくことでしょう。国民が知りたいこと、本当に知るべきことに焦点を当てた取材で、政治家に正面からぶつかってほしいと思います。

いずれにしても、これが、2003年の総選挙で兵庫2区から落下傘候補として出馬するに至った顚末《てんまつ》です。

いよいよ明石市長選挙に照準を絞る

2005年の郵政解散選挙で惨敗し、私は国政の舞台から身を引きました。明石に戻って弁護士としての仕事を再開しながら、本丸である明石市長選挙を見据えて粛々と準備を進めることにしたのです。

2年弱務めた衆議院議員時代は、私にとって、いつか明石の市長になって我がふるさと明石のために働くのだという思いを胸に熱く抱きつつの時間ではありました。しかし、国政の場で福祉政策を中心に動くことができたこと、政策実現のために共闘する仲間たちと出会えたことなども含め、国政でしかなし得ないことも多く見えてきました。その意味で、どこの馬の骨ともわからない私を国政の場に送り出してくれた兵庫2区の有権者の方たちには、今も深く感謝しています。

実際、衆議院議員時代には、念願だった犯罪被害者等基本法を議員立法で成立させる動きに携わることができました。それまでの刑事事件におけるプロセスでは、加害者を処罰するところにばかり主眼が置かれており、犯罪によってもっとも苦しめられた被害者をいかに救済するかという観点が十分ではありませんでした。議員立法により、情報の共有や損害賠償請求の援助など、精神的及び経済的な負担を軽減するために国や地方自治体などが講じるべき施策を定めたのです。

ちなみに、この時の経験を踏まえ、明石市でも犯罪被害者を支援する条例を作ろうと市民運動を立ち上げ、２０１１年の犯罪被害者等支援条例制定につなげました。明石市長となったのち、条例改正のための委員会を２０１３年に立ち上げ、加害者から損害賠償金を受け取れないときに明石市が立て替えるという改正を２０１４年に実現させて、制度を拡充させています。

実際に民事訴訟で「賠償金を支払うこと」という判決が確定したとしても、賠償金がきちんと支払われるかどうかは加害者次第、ということでは被害者救済としてあまりに不十分です。明石市の条例改正は、そのような場合には自治体が立て替えるという前例のない画期的なものでした。

いずれにしても、2005年に国政での仕事に一区切りをつけた私は、ホームグラウンドの明石に戻って法律事務所を再開させつつ、明石市長として出馬する日に向けて、詰め将棋の駒を進めるように足元を固めていったのです。

どこにいても神戸新聞の明石版を読み続けた

明石の街をよくしたい。その思いで10代の頃から走り続けてきましたが、ここまでさまざま書いてきたように、その道は常に一直線だったわけではありません。石井紘基さんの選挙での敗北、弁護士への挑戦、さらに地域の市民やNPOを支援しながら来るべき勝負の日に備えつつ、気持ちをグッと抑えて市長選への出馬を断念したり、国政に挑戦したりと、その時その時で、今の自分がなすべきことを一つ一つ選択してきたわけです。

その長い年月の間、私がずっと欠かさず続けていたことがあります。それは神戸新聞明石版の購読です。東京の大学に進学した後も、東京で働いている間も、私は明石版を購読し続けました。明石版は、明石の地域ネタに紙面1面を丸々割いているのが特徴です。

明石市では神戸新聞が購読シェア1位を誇っています。神戸市や西宮市などの都市部では朝日新聞や読売新聞といった全国紙が強いのですが、明石市は神戸新聞を読んでいる市民の比率が最も高い地域なのです。そういうこともあり、神戸新聞の明石版は明石市の情報だけで1面が占められるほど地域のニュースが充実していました。近隣では、例えば加古川市、高砂市、播磨町、稲美町の4つで1つの地域版を構成しているのですが、地元紙の強い明石では1面がびっしりと明石の情報で埋め尽くされていたのです。

明石の日々をキャッチアップし続けるべく、18歳で明石を離れて駒場寮の住人となっていた間もずっと、私は神戸新聞明石版を購読し続けていました。1日遅れで配達されてくる明石版を、端から端までそれこそ舐めるように目を通していた。どこどこの町会でこんな集いをやったとか、どこの運動会で誰が活躍したとか、そんな地元ネタが満載の紙面を、毎日心待ちにしていたのです。

我ながら半端のない明石愛です。愛だけではなく、前述の通り、ある種の冷たさの象徴として憎しみの街でもありました。明石のことをこれだけ愛し、これだけ憎んでもいたのは世界広しといえども私だけではないか。この気持ちだけは誰にも負けへんで、と思っていました。

とはいえ、明石への果てしない愛と憎しみを滾《たぎ》らせた私が市長になったところで、明石の街がいきなり劇的に変化するわけではありません。暮らしと子育てに特化するか、学生の街にしていくのか、あるいは起業しやすさを売りにするかなど、地域のニーズに即して予算と人員を集中させることで明石の魅力を2倍にも3倍にも増やせるだろうとは思いましたが、一方で、市の弱みや限界もありますから、そうしたリアリティを持った上で、明石にとってのベストな選択を冷静に判断していく必要がありました。

そのためにも、私は明石について誰よりも詳しくなりたいし、ならなければいけないと思っていた。神戸新聞の明石版をいつかなる時もずっと購読し続けてきたのは、私のそうした決意と意地の表れだったように感じます。

公選法を知るべき理由

明石で弁護士として働きつつ、いずれ来る市長選に備えて、市民活動のサポートや障がい者支援などとともに私が力を入れていたのが、実は公職選挙法違反の弁護活動でした。弁護士になりたての頃に私が働いていた法律事務所は、兵庫県警の顧問も引き受けていました。

選挙に勝つためだからといって、公職選挙法に違反するようなことをやったらアウトです。その上で、選挙のルールにはどのように解釈するべきか悩ましいような規定がたくさんあります。特に、SNSによる情報戦を展開しているような昨今の選挙では、想定外の事態にルールが追いついていないようなところもあるのです。何がアウトで何がセーフか、実は選挙管理委員会ですら判断に悩むようなこともある。

さらにいうと、単にセーフかアウトかだけでなく、そのことに対して実際に捜査が入るのか否か、連座制が適用されるのかなど、あらゆるリスクの程度について理解しておくことが、全力で選挙戦に挑むうえで不可欠なのです。公選法違反の弁護を数多く手掛けながら、まさに公選法の最前線を我が事として経験していったことは、選挙を戦う上で私の強みになっていると感じています。

アウトなのかセーフなのか、よくわからないけれど、きっと大丈夫じゃないかな、というような曖昧《あいまい》な知識で戦おうとするのは、野球のルールもよくわからずに、ビビりながらストレートを相手の懐に投げ込んでいるのに等しい行為です。今はノーボール2ストライクなのか、3ボールなのか、加えて、ベースはガラ空きなのか、出塁している選手がいるのかといった状況に応じて、投げるべき球はまったく違ってくる。そんなこともわからずに、やたらめったら自慢のストレートを投げ込んでいては、勝てる試合にも勝てません。下手したら、ルール違反で退場！　ということにもなりかねません。

あるいは、わからないからこそ、「こんなことをしたら、あかんのかな」と必要以上に萎縮してしまうこともあります。無責任な言説がネット界隈《かいわい》を中心に飛び交っているので、何がアウトかわからないと、そうした言説に必要以上に振り回されてしまいかねない。

一方で、日本ほど選挙期間中にさまざまな規制がかかる国は、ほかに類を見ないのではないでしょうか。政令指定都市以外の市長選挙や市議会議員選挙は7日間、衆議院議員選挙は12日間、都道府県知事戦は17日間というように、選挙の期間が短く定められており、一斉スタートを切らされる。しかも、選挙期間中には配ることのできる法定ビラの枚数も限られていて、イベントなども自由には行えません。

期間など区切らずに、普段から出馬を前提にした政策論争を自由闊達《かったつ》に繰り広げればいいものを、こんな摩訶不思議な規制だらけの選挙をやっているのは、なぜなのか。選挙で語るべき言葉も持たないような人たちが、言葉を語らなくても戦える選挙戦、いわゆる「地盤（＝人脈）・看板（＝知名度）・カバン（＝資金）」を持っている自分たちに有利なルールを作って、自分たちの椅子を守ろうとしているから、というのは穿《うが》った見方でしょうか。

冷静に緻密に計算している

世界的に見ても非常識な日本の公選法ルールはいずれ見直していくべきと思いますが、とはいえ今の公選法がそのような細かな規定になっている以上は、そのルールの中で戦うしかありません。戦うからには徹底してルールに精通し、おかしな揚げ足を取られないよう細心の注意を払いつつ、セーフの領域を見極めて、その中で大胆に攻めていかなければなりません。

その意味では、建前上のルールだけでなく、実務運用で警察がどのように動くのか、その後の選挙管理委員会の動き方や、どのような法的適用をするのかなど、裏の裏まで徹底して知り尽くしておきたいものです。

ちなみに、弁護士になってすぐに兵庫県警の顧問を引き受けている法律事務所で働き始めたことで、警察の動き方についても詳しくなりました。各都道府県警は、選挙の少し前になると「選挙違反取締本部」を設置します。選挙期間中の違反を取り締まるという名目で設置されるのですが、事前に内部協議を行い、候補者の中から「これはグレーゾーンを越えそうだ」という人物にあたりをつけ、狙いを定めるのです。政治のバランスが必要なので、与野党双方にそれぞれ狙いをつけますし、アルバイトの金が動いていそうな候補者などは特に目をつけられる。そこから裏を取って証拠を固めていくわけです。

警察のそうした動きを知ることができたのも、公選法の事案などを多く手がけてきたからです。人生におけるそうした一つひとつの選択が、いずれくる勝負に向けた下準備だったのです。つい口が先に動いてしまう私は激情型の人間だと思われがちで、確かに感情的になって口走ってしまうこともあるのですが、大枠の行動においては実はかなり冷静に緻密に計算して動いています。

計算高いと思われようとかまいません。言いたい人には言わせておけばいいと思っています。私にとって、自分が褒められたいとか、正しく評価されたいとか、いい人だと思われたいとか、そんなことはどうでもいいのです。一刻も早く政策を転換して予算配分と人員の配置を変え、冷たい街を温かい街に作り変える。その目的のために、やれることはすべてやる。それだけです。

目の前に溺れそうな人がいたら、手遅れにならないうちに助けたい。材木が置いてあったら、私は迷わずそれを放り込んで「それにつかまるんや！」と叫ぶでしょう。ところが、この社会は、「この材木の所有者は誰だろう」「偉い人の持ち物だったら怒りを買うんじゃないか」「あとで面倒なトラブルに巻き込まれるんじゃないか」「こっちが叩かれたらどうしよう」「溺れた人が不注意だったんだから、自業自得じゃないの」とあれこれ理由をつけて、目の前でブクブクと沈んでいきそうな人のことを見て見ぬふりをする。その冷たさに時々ゾッとします。助けられそうな人がいるならば、まずは助ける。あとのことについては、いくらでも時間をかけて相談するなり交渉するなりすればいいのです。

泥をかぶっても、泥水をすすってでも、この社会を冷たい社会から温かい社会に転換させたい。救うべき命と暮らしを守りたい。そのために闘わなければいけない相手とは、地獄まで道連れになっても構わない、というような気持ちがあります。

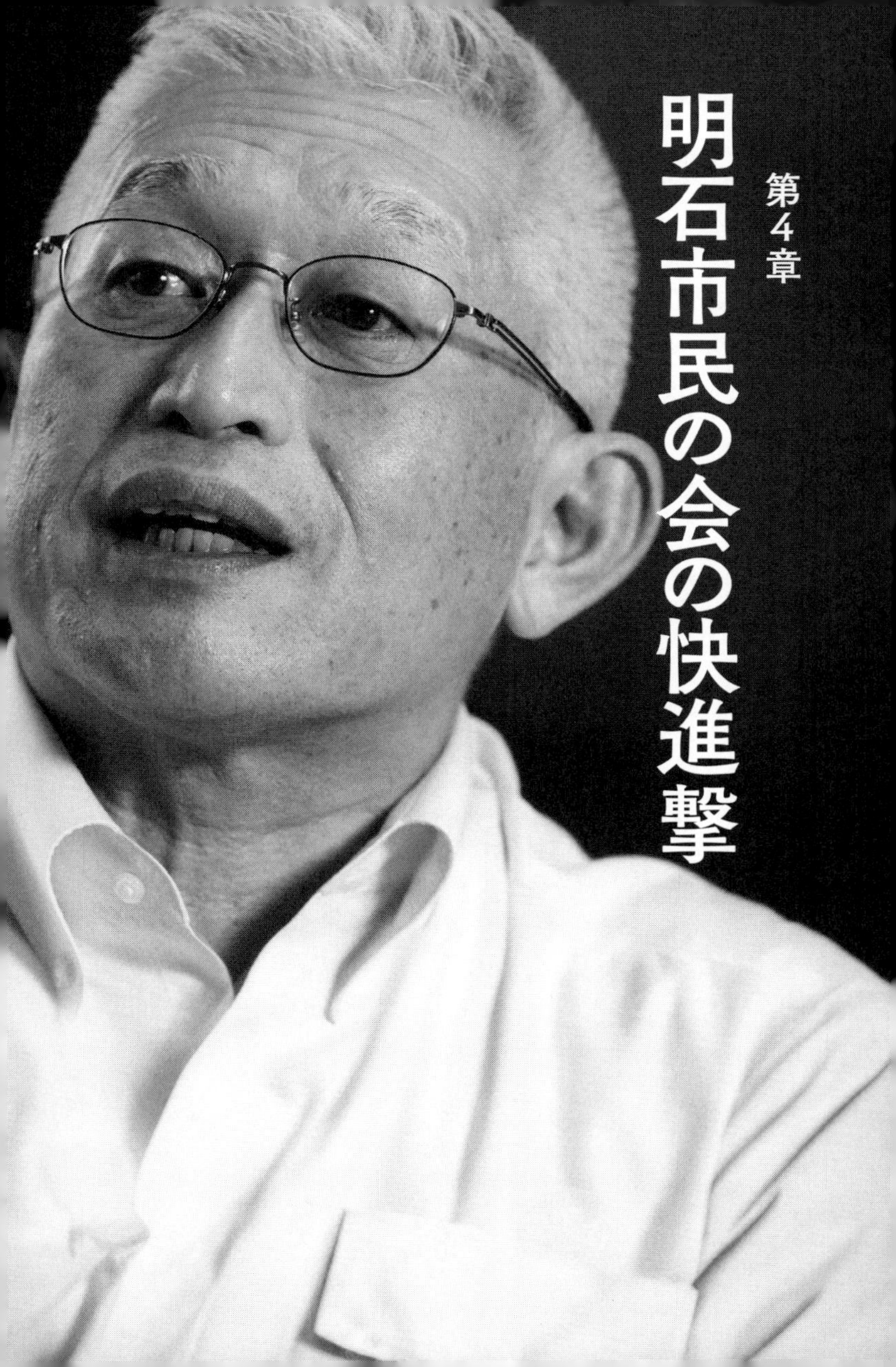

第4章 明石市民の会の快進撃

院政を敷く気はさらさらなかった

さて、この章では、私が3期12年の明石市長の任期を終えて退任したあと、「明石市民の会」を立ち上げ、市の改革を引き継いでくれる仲間たちと共に明石市議会・兵庫県議会選挙を闘い、候補者全員の当選を勝ち取った、その戦略の一部始終をひもといていきましょう。

出直し選挙も含めて、3期12年にわたって明石市長として働きましたが、2022年10月12日、私は翌年の明石市長選挙には出馬せず、市長を引退する意向を表明しました。その翌月、私は政治団体「明石市民の会」を設立しました。これからは、この社会をより良くするための裏方に徹しようと考えてのことでした。

2023年4月、明石市長として登庁した最後の日、私は訓示で次のように話しました。

「この12年間、私は3つの発想の転換をしようと訴え続けてきました。1つは〝お上意識からの脱却〟。つまり、中央省庁に勝手に決めさせない、明石のことは明石に暮らす自分たちが一番よくわかっているのだから、自分たちでやるべきことを考えていく。見るべきは国の官僚の顔ではなく、市民の顔。

2つ目が〝横並び主義からの脱却〟。つまり他の自治体がやっていないからというのは、やらない理由にはならない。見るべきは隣町ではなく、明石の街。

最も大切な3つ目が、〝前例主義からの脱却〟。前例が間違っていると気づいたら、忖度なく変えていくことが大切。変化のスピードが速く厳しい今、前例主義から脱却しない限り市民の生活を守ることなどできません。自分の目で見て、耳で聞いて、自分の頭で考え続けて、変化を恐れず行動してください」

そして、最後にこう締めくくりました。

「私からの最後のお願いです。今日、この訓示をもって、私のことはすべて忘れてください。なぜなら、前例主義からの脱却を言い続けてきた私自らが前例になどなりたくないからです。これからは新しい市長と一緒に、自分の目で見て、耳で聞いて、自分の頭で考えて新しい政策をつくっていってください。偶然にも私が言ったことと一致することがあって泉の顔が思い浮かんだとしても、そんなものはさっさと忘れてください。私のことはすべて忘れてください。それが最後のお願いです」

そうして、私は明石市役所を去りました。あれから一回も市役所には足を踏み入れていません。多くの人は、私が院政を敷くのではないか、これからも影響力を行使し続けるつもりではないかなどと憶測したようですが、私はスパッと辞めました。子どもや福祉など、しかるべき政策に重点的に予算や人員を配置し、よい循環が生まれて人口や税収も上向きになり、必要なものは条例化し、ある程度、持続可能な自治体としての道筋をつけたと思えたからです。

ただ一方で、私がいなくても大丈夫な明石を次につないでいくと考えた時、私のような雑草的な強さを持つキャラであれば、味方のいない四面楚歌状態でも「ケンカ上等や!」とエネルギーに変えていけるだろうけれど、それを次の市長に期待するのは酷《こく》なことでしょう。

次の市長が孤軍奮闘しなくてもいいような仲間たちが市議会には必要だと思いました。さらに、私の市長時代、兵庫県庁とはかなりの緊張関係を保って時に激しくやり合っていたわけですが、これからの県庁との関係のためには、県議会議員にも一人は仲間がいた方がやりやすいだろうと考えました。

後継市長だけでなく、市議会議員と県議会議員の候補者も自分たちで擁立するという戦略は、私が明石市長の辞任を表明する前から決めていたことです。そして、私が政治団体「明石市民の会」を立ち上げたのは、辞任表明からわずか1ヵ月後のことでした。

ジェンダーギャップの解消

本書でも繰り返し書いてきたように、私には既存政党や業界団体、宗教団体などの太いバックアップは一切ありません。組織に頼らない市民派選挙によって、これまで4回の市長選挙に全勝してきました。

私が手がけた仕事（少子高齢社会の中で持続可能な街をつくる明石モデル）は多くの市民から評価され、この明石モデルは全国に注目されつつありました。明石の子育て支援策を参考にする自治体も増え始めていました。

私がいなくなったあとも明石の改革があと戻りすることのないよう、そして、明石の取り組みがほかの自治体にも広がるよう道筋をつけていきたいと、明石市長になる前から心に決めていました。つまり、「時間的な普遍性」と「空間的な普遍性」をいかにして実現させていくか、それを見据えての市政改革だったのです。

私のようにアクの強いキャラでなくとも、マシンガントーク大好き人間でなくとも、それぞれの候補が持つ異なる魅力とパーソナリティによって「この候補者は私たちの代表だ」と有権者の信頼を得ることは可能です。まずは、「明石市民の会」による「私たち選挙」を成功させるため、辞任表明直後から準備を始めました。

実は、市民の会立ち上げの伏線は、引退表明のはるか昔、市長就任1年目までさかのぼります。多くの議会が男性だらけという日本のジェンダーギャップ問題。今や多くの人に課題として共有されていますが、私も市長になった当初から、このジェンダーギャップの解消は急務だと考えていました。

就任1年目、私は明石市議会の男女比率について、男性も女性も必ず3割以上にするというクォータ制を導入する条例を提案したのですが、「議会のことに市長が口を出すな」と、委員会で審議すらされずに即決の全会一致で葬り去られました。

通常のクォータ制とは男女比率の偏りを是正するために、女性に一定数を割り当てる制度ですが、明石市議会に提案した条例案は、どちらかに極端に偏るのは良くないという考えで、男女どちらも必ず3割以上、としたのです。

この3割条例は幻に終わりましたが、その後、女性議員は少しずつ増えていきました。

私が市長を引退する時には、女性議員は30人中９人。そして２０２５年現在は30人中10人です。このうち２人は、市民の会の議員です。条例は可決できませんでしたが、結果的にはクォータ制と同じ状況が明石市議会で実現されたのです。

中川夏望さんとの出会い

明石市民の会立ち上げの伏線は、ほかにもあります。

２０２２年12月、私は「あかしジェンダー平等推進条例」の制定を実現させ、さらに「明石市市民参画条例」改正を明石市議会に提起しました（いずれも２０２３年４月より施行）。副市長や教育長などの特別職を男女同数とし、審議会の委員のうち女性比率を３割以上から４割以上へと改正したのです。

さらに、「下院議員のうち１名は障がい者組織から選出」とするルワンダ憲法第76条を参考に、審議会委員の障がい者の割合を「10人ごとに１人以上」と定めました。委員が10人いる審議会があるとすると、女性は４人以上、全体の10人のうち１人は障がい者という構成です。いずれも日本国内では例のない先進的な取り組みであり、全国的に注目を集めました。

条例を作るにあたり、２０２２年1月から7月にかけて「明石市ジェンダー平等の実現に関する検討会」を招集しました。検討会の会長は、女性の政治参加の重要性を指摘し続けてきた上智大学法学部教授の三浦まりさんに引き受けていただきました。

三浦さんは、お茶の水女子大学教授の申琪榮《しんきよん》さんと共同で「パリテ・アカデミー」という一般社団法人を立ち上げ、女性議員を増やす運動に取り組んでこられた方で、その手腕をぜひ明石市のジェンダー平等実現のために生かしていただきたいと声をかけました。

ちなみに、「パリテ」(parité)とはフランス語で「同等」「同一」を意味します。フランスでは「パリテ法」に基づいて、男女同数の候補者の擁立が各政党に義務付けられているのです。

明石では、２０２２年9月、企画・運営をパリテ・アカデミーにお願いして「ウィメンズ・アカデミーin明石　めざせ！　女性リーダー」という2日がかりのイベントを開催しました。三浦さん、申さんたちも講師としてアカデミーに参加してくれました。政治参加に意欲を持つ地元の女性たちが30人以上も参加、明石初の試みとしては大成功の盛況ぶりでした。このイベントは、その後も恒例となって毎年開催されています。

さて、当日のイベント会場で、私に声をかけてくれた女性がいました。

「私は泉市長の政策が気に入って今年7月に明石に引っ越してきました。公認会計士をしている中川夏望《なつみ》といいます」

当時の中川さんは40代になったばかり。意志の強そうなまっすぐな目をした中川さんと会った瞬間、「あ、この人は選挙に出るな」と直感しました。果たして、それから2ヵ月後の2022年11月、中川さんは明石市民の会の公募に名乗りをあげ、明石市議会議員選挙に挑戦することになったのです。

明石市民の会の公募に応募してくれた人たちは他薦を含め約70人ほどいました。そこから面接を行って候補者を絞り込んでいきました。そして2022年12月24日、明石市の人たちへのクリスマスプレゼントにしたいとの思いを込めて、明石市民の会から、中川さんを含む5人の候補者を市議選に擁立することを発表したのです。

市議会選挙は「棒グラフ選挙」

候補者を絞っていく際に、まず重視したのは多様性でした。ジェンダーのバランスはもちろんのこと、その上で、「オレが」「私が」といった「自分が前に出たい」タイプの人ばかりに偏らないようにしました。その結果、候補者5人のうち3人は自薦、2人は他薦となりました。

第3章で書いたように、選挙にはいくつかのパターンがあります。大勢の候補者が乱立し、複数の議席を争う市議会議員選挙は基本としては営業成績を競うような棒グラフ選挙です。明石市民の会全体の得票を考えると、パーセントでとらえる円グラフ選挙の要素もあるのですが、その辺りは後述します。

明石市議会の定数は30。候補者一人ひとりが有権者に自分の名前をしっかり覚えてもらって、投票所でその名前を書いてもらわなければなりません。いかにして、明石市民の会の候補者5名全員の当選を勝ち取っていくか。経歴もタイプもバラバラの5人には、それぞれに合った戦略を組み立てる必要がありました。それぞれの戦いの内幕をご紹介しましょう。

まずは、2022年9月のウィメンズ・アカデミーで私に声をかけてきてくれた中川夏望さん。彼女の特徴の一つが、早稲田大学政治経済学部卒業という学歴と、公認会計士という職歴です。加えて、3歳と4歳（出馬当時）、ふたりの子どもの子育て中というワーキングママでもありました。このプロフィールを見ただけで、多くの有権者が「仕事をきっちりやってくれそう」かつ「身近で好感が持てる」と直感的に感じるでしょう。

逆に、中川さんのマイナス要素は、2022年7月に明石市に引っ越してきてから1年も経っていないことでした。明石に何の縁もないどころか鳥取出身ですから兵庫との関わりもほとんどありません。地元民から見れば完全な外様《とざま》です。明石市の有権者の中に、彼女の知り合いや友だちはほとんどいません（ちなみに、兵庫県議会議員に当選した橋本慧悟さんをはじめ、明石市民の会の候補6人は全員、生まれも育ちも明石以外の外様候補でした）。

そこで、中川さんの外様カラーを薄めるために、私との共通項を強調して中川さんをアピールすることにしました。

泉は東京大学、中川は早稲田大学。

泉は弁護士、中川は公認会計士。

泉は漁師の子、中川は漁師の孫（中川さんの祖父は、鳥取の漁師でした）。

お互い、弁護士・公認会計士になる前に社会人を経験していたという共通のポイントもありました。私は石井紘基さんに勧められて20代半ばで司法試験にチャレンジしましたが、中川さんも民間の会社に就職したのち、一念発起して20代半ばで公認会計士に挑戦していた。この、「社会人になってから努力して資格試験に通った」という経歴の共通点もアピールしていくことにしました。これで、中川さんという存在を際立たせていくためのポイントが出揃いました。

潑剌《はつらつ》とした知的な女性、子育てと仕事を両立してキャリアを重ねてきた努力家。家族ともども移り住んでしまうほどの明石への愛。明石市政がこれまで打ち出してきた改革への共感性の高さ、そして、改革を共に前に進めようと一歩を踏み出す行動力は最大の魅力です。私は彼女の勝利、それも圧勝を確信しました。

もちろん、学歴や職歴の華やかさだけが勝負のカギだと思っているわけではありません。高校を中退し、早くに自分の生き方を決めて道を切り開いて来た人、あるいは非正規雇用やフリーランスで厳しい働き方をしながら権利獲得のために闘ってきた人、さまざまなハンディを抱えて社会の障壁にぶつかる経験を重ねてきた人など、その人が議員として地域のために存在感を発揮できるであろう部分、それぞれのパーソナリティを打ち出していくことが重要です。何がその人にとっての武器となるのかを見極めて、その特徴を選挙戦略として前面に押し出していくのです。

ちなみに、選挙直前には、マスコミの記者の間では「中川夏望が泉の後継者だ。泉は彼女を市議会議員選挙ではなく、明石市長選挙に担ぎ上げるのではないか」という噂が飛び交いました。中川さんはそれほど大きな期待を集めていたのです。

華やかな外様候補には「空中戦」が合う

存在感は申し分のない中川さんでしたが、いかんせん明石に引っ越してきてから1年も経っていないわけですから、地域での知名度の低さが当初の課題でした。彼女の知名度を浸透させるには、空中戦（不特定多数の浮動票に向けた政治活動）を展開するしかありませんでした。

中川さんの出馬が決まるや否や、早速車を手配しました。車のドアの部分に私と中川さんの大きな写真を貼り、天板の上に櫓《やぐら》を組み立てて、町中をぐるぐると走り回りました。私の顔は地域中に知れ渡っていますから、道行く人は車の写真を見て、「また選挙が始まるのか」と気づきます。

多くの人は、統一地方選挙がいつなのか、自分が住む自治体の選挙がいつなのかなど、普段はほぼ気にしていないものです。ですから、この選挙カー仕様の車を走らせることで、「そろそろ選挙が近いのか」と気づいてもらう。その上で、私の顔写真と、誰かよく知らない人の顔写真が並んでいるのを見て「あ、泉さんやな。泉さんは、次の市長選挙にはもう出ないと言っていたから、隣の人が候補者なのかな。どっちにしろ、泉さんはこの人を応援してるんやな」と思ってもらう。実際、この車を目にして、市議会議員候補ではなく市長候補だと勘違いする人も多かったようで、彼女の知名度はどんどん上がっていきました。

ところで、政治活動のポスターや宣伝カーを選挙期間外に使う場合には、「3等分ルール」というものがあります。①本人の名前や顔写真、②別の人物の名前や顔写真、③街頭演説会や政治集会などの告知やキャッチコピー、この3つが等分に配置されていれば、選挙期間外でも宣伝に使用していいということになっています。

よくあるのが①と②の二人が弁士として登壇する演説会の告知ポスターのような体裁になっているもの。今回でいえば、①に中川さん、そして②に私の顔写真を配置したということです。

さて、中川さんと私の顔の並んだ街宣車に、中川さん本人が乗っている必要はありませんので、「明石市長・泉のイチオシ、中川夏望です！」と録音した私の音声を流しながら、その車に町中を走り回ってもらいました。

さらに、政策を訴える彼女自身のパンフレットを作成して、選挙区の全世帯に対する全戸配布を2回にわたって実施しました。全戸配布は印刷費用がかさみ、ポスティング作業もかなりの手間になりますが、彼女はそれまでの自分の蓄えを取り崩して選挙資金に充てることができたので、こうした丁寧な政治活動が可能になりました。

これらの空中戦を展開しつつ、彼女ならではのピンポイント対面式活動も展開しています。子どものお迎えの時間に合わせて、明石市内の保育所、子ども園、幼稚園、保育園の前に立ち、「私も皆さんと同じく子育て中です。うちの子も3歳と4歳。子育て政策に力を入れていきます。皆さんの声を聞かせてください！」と声をかけながら、名刺やパンフレットを手渡したのです。すると「あれ？　どこかで見たことある。あ、泉さんの車の写真の人ですね！」とお迎えに来た保護者たちに気づいてもらえることが増え、「応援します、頑張って！」と、手堅く票を重ねていくことができました。

彼女の場合、早朝や夕方の駅頭で、慌ただしく通勤していく人たちや、疲れて仕事から帰ってくる人たちに挨拶をするよりも、子育て世代にターゲットを絞って声をかけた方が効果的でした。早朝や夕方の通勤ラッシュの人たちの中にも、もちろん働く子育て層の人たちが一定数いるわけですが、一方で、子育てや女性の社会参画に関心を持たない人たちの割合も少なくない。

こっちはシビアな仕事に向かおうとしている時に、何を呑気な顔で挨拶してるんじゃ、と、むしろ邪険にされたりすることもある。それでも駅頭に立つことの意義は小さくありませんが、マンパワーと時間が限られた中で、彼女の言葉が響くであろう有権者に彼女の顔と名前を認識してもらうために、戦う場所を絞っていく必要があったのです。「子育て中の保護者」にターゲティング層を限定したピンポイントの政治活動には、大きな手応えを感じました。

一人が勝ちすぎないほうがいい

動き出しが早かったこと、全戸配布なども丁寧に行えたこと、プロフィールにも目を引くものが多かったこともあり、私の票読みと皮膚感覚では、かなり早い段階で中川さんの当選が見えていました。ですので、印刷物の作り込みや、選挙戦略の具体的な展開などからは早々に手を引いて、途中から彼女自身にすべてお任せしました。

むしろ私は、彼女が票をたくさん取りすぎることを危惧していました。明石市民の会の候補者の中で、彼女がダントツで票を集めすぎてしまうと、市民派の浮動票がアンバランスに配分されてしまい、ほかの明石市民の会の候補者が落選する危険がありました。

ちなみに、票の配分を芸術的なまでに成功させる政党が一つあります。それは公明党です。公明党は地域別に1桁単位まで票割りを完璧にこなし、誰か一人だけが突出して票を集めすぎるということがありません。区議会議員選挙や市議会議員選挙で、公明党から5人なり6人なり候補者を出すとすると、美しく票が等分されてきちっと全員が当選していく。意志が徹底された組織の力を思い知らされます。

一方で、組織にも政党にも頼らない「私たち選挙」を貫く以上、明石市民の会の支持者は明石に暮らす多様な市民一人ひとりです。公明党のような票割りはほぼ不可能です。とはいえ、私としては「中川さんだけが一人勝ちしたら、明石市民の会全体としては負けになりかねない」と警戒していました。この辺りは、円グラフ選挙の考え方です。明石市民の会として何パーセントくらいの得票が見込めるか、そして、それを5人の候補者でいかに配分していくかを考えなければなりません。そこで私は、彼女の選挙対策から早々に手を引いたわけですが、そのことによって思わぬ誤算が起きてしまいました。

　知り合いのフォトスタジオも印刷会社もない中、彼女は自分で探した業者さんに頼んで掲示板用のポスターを作成したのですが、できあがってきたポスターは、彼女の写真写りもイマイチで、デザインの色みもピンとこない微妙な仕上がりになっていたのです。告示から投票日までの期間、町中のポスター掲示板に貼られるもっとも重要なポスターだというのに、やや残念な完成度になっていました。

　選挙ポスターの写真を、本人目線や家族目線で選ぶのは危険です。候補者と直接面識のない有権者が、この写真と情報だけを頼りに判断するわけです。自分に近い家族が「これが一番あなたらしいよ」と選んだ一枚が、必ずしも有権者にとって魅力的に見えるとは限らないのです。

　彼女が掲示板ポスター用に選んだ写真は「優しいお母さん」「家族思いで子煩悩」「人当たりがマイルド」な印象を与えるものでした。しかし、彼女の売りは「高学歴でバリキャリの子育てママ」です。「優しいお母さん」だけではないのです。

　本来であれば、優しさや人当たりのよさを前面に出すのではなく「キリッとした意志の強そうな写真」を選ぶべきでした。

ポスターがどれほど大切か

ほかの候補者がいなければ、彼女のポスターを作り直して貼り直すという選択肢もあったでしょう。実際、私自身、選挙戦が始まってからポスターを作り直したことがあります。2011年、初めての明石市長選挙の時のことです。

当時、民主党で選挙対策委員長をやっていた参議院議員の石井一《はじめ》さんが、告示日に私のところに応援演説に駆けつけました。私は「私たち選挙」をやるんやと張り切っていたので、国会議員には応援演説を頼んでいなかったのですが、石井さんは良かれと思って勝手に来てくれた。その思いはありがたいのですが、私は「もう来ないで」と言いました。「そんなことを言うな！」と石井さんは怒っていましたが、私はやはり「市井の私たち一人ひとり」が応援マイクを握ってくれるような選挙戦を戦いたかったのです。有名な国会議員が来て偉そうに演説をするような選挙戦にはしたくなかった。だから、「お前を通したいから来たんやないか！」と言う石井さんに向かって「通したかったら邪魔しないでください、明石と関係のない国会議員は選挙にマイナスなんです。もう来ないでください！」と言ってしまいケンカになりました。

そんなひどいことを言ったにもかかわらず、そのあとで石井さんは私の選対のメンバーたちに順番に電話をかけてきて「ワシ、泉に嫌われてもうて、もう行かれへん。お前らに託したから頼むで。通してやって」と言ってきたそうです。そのことを後から聞いた時は、本当にありがたい気持ちになりました。その上で石井さんは、選対メンバーに「泉を通したかったら、ポスターを貼り替えろ」とアドバイスをくれたのです。

当時、私のポスターは、顔写真を少し小さくして、その横に「泉房穂」とたて書きで名前を入れるというオーソドックスなものでした。一方の対立候補は、全面に顔写真を敷いていた。顔の大きさがまったく違うということを石井さんは気にしていました。一騎打ち選挙になっていましたから、掲示板には私と相手のポスターの2枚だけ。余計にポスターの勢いの差が目立つのです。

「ポスターの迫力で負けとる！　すぐに作り直せ！」と石井さんが言っていると聞き、私は「ええやないか、別に。いい写真やないか」と思ったのですが、陣営は「すぐに作り直そう」と、選挙戦序盤の大忙しのさなかに、私の顔を大きくしたポスターを慌てて作り直したのです。印刷にかけたのが、告示から2日目の火曜日の晩。水曜日には、すべての掲示板のポスターを一気に貼り替えました。

それが実際にどの程度の投票行動に結びついたのかはわかりませんが、69票という僅差で競り勝った選挙でしたから、ポスターの迫力が私をもう一押ししてくれたことは間違いありません。その意味では、無礼なことを言ってしまった私に対し、百戦錬磨の石井さんがくれた的確なアドバイスには感謝しています。

つまり何が言いたいかというと、候補者本人は意外とポスターの良し悪しの判断ができていないということです。写真の撮り方次第で、イメージはいくらでも作り込めますし、顔の大きさや名前の入れ方で、その人の印象もかなり変わってくる。

中川さんの場合は、告示前にポスターが上がってきていましたので、すぐに作り直せば告示日に間に合わせることも可能でした。間に合うタイミングであったにもかかわらず、私は「作り直そう」とは言いませんでした。申し訳ないとは思いましたが、ここでポスターまでベストなものにしてしまうと、彼女が必要以上に跳ねてしまうと考えての判断でした。

「ごめんやで」と胸の中で思いつつ、あえてイマイチのポスターを使ってもらったのですが、結果として彼女は1万2658票とぶっちぎりのトップ当選でした。

ついで2位で当選したのは、同じく明石市民の会から立候補した山中裕司さん。こちらも9827票ですから大健闘でした。3位がやはり明石市民の会が擁立した黒田智子《ともこ》さんで8660票。4位も明石市民の会の金尾良信さんで4190票。上位4人を明石市民の会の候補が独占するという快挙でした。

明石市民の会5人目の候補者である山下祥《しょう》さんは、2395票を獲得して30人中22位での当選でした。当落ラインが2000票前後だったことを考えると、もし中川さんがもっと跳ね上がっていたら山下さんの当選は危なかったかもしれません。

中川さんのポスターの出来が100%であれば、彼女は2万票近く取っていたかもしれません。結果として、ポスターを作り直さないという戦略は明石市民の会にとっては吉と出たと言えるでしょう。

「高校中退の苦労人」候補の強み

9827票を獲得して2位当選と大健闘した山中裕司さんは、1978年熊本生まれの45歳（当時）、年齢は中川夏望さんに近いのですが、経歴は対照的です。山中さんは10代のときに両親が離婚、きょうだいとも離れ離れになります。「自分の居場所がなくなってしまった」と感じた彼は、高校を中退して家を出て、料理店に住み込みで働き始めました。料理人としての腕を磨き、20代半ばに縁あって明石市内のお店で働き始めます。そこで雇われ店長としてお店を切り盛りするようになりました。

店長とはいえ、その飲食店は厨房に彼一人しかいない小さなお店でした。お客が誰も入っていないときには、自分で刷ったチラシを持って明石駅前で配り、チラシを見た人がお店に来そうになった瞬間、自転車を飛ばして店に戻り、「いらっしゃいませ」とお客を迎える。店に来た人は「あれ⁉ さっき駅前でチラシ配ってた人やん」とビックリします。そんな苦労を重ねながら、孤軍奮闘、店を切り盛りし、33歳の時、ようやくオーナーシェフとしてスペイン料理の店を持てるようになったそうです。

そんな折、2016年4月に震度7の巨大地震が故郷・熊本を襲いました。いろいろと思うところがあった彼は、自分が立ち上げた店を後輩に譲り、地元で子ども食堂の手伝いや高齢者の支援などのボランティア活動を始めます。地域のつながりの中で、困っている人、傷ついている人たちをサポートする共助の大切さを考え、具体的な行動に踏み出したハートのある人でした。

明石市民の会を立ち上げたあと、「擁立するなら山中裕司さんがええんちゃいますか」という情報が、私のもとにいくつも寄せられました。すぐに私から連絡して彼と会い、話をしました。人の痛みを我がこととして感じられる彼の感性と、実際に行動に移せる逞《たくま》しさを感じ、「立候補してみないか」と誘いました。山中さんはびっくりして「そんなことは考えたこともないですし、僕には無理です。高校も卒業してませんし」と固辞しましたが、「それがええねん」とこちらも必死に口説きました。

実は、彼以外の明石市民の会の候補者は4人とも大卒です。中川さんと同じく、山下さんも早稲田大学。黒田さんは日本福祉大学で、金尾さんは長野大学と、みなさん高学歴なのです。明石市民の会候補者がこんな高学歴の人ばかりになると、泉は結局学歴が好きなんか、と誤解されかねません。

その中で、高校を中退し、自分の腕一つで必死に生きてきた彼の存在感は大きかった。さらには、故郷の震災をきっかけに、それまで築いたものを手放して共助の現場に身を投じる。そういう彼の生き様こそ私自身が目指すものと根本のところで通じ合ったのです。

「あなたはほんまに気持ちのある人や。でも、自分が現場でボランティアをやって子ども食堂を手伝って、それで救われる子どもは何人おんねん。ほんまになんとかしたいという気持ちがあるのなら、市議会議員になって政策を形にした方がいい。そうすれば、助けを必要としている子どもたちをもっと大勢救うことになるんや」と説得しました。

彼は、金もない、学歴もない、おまけに明石で生まれ育ったわけでもないから、地元に古い友人も支援者もいない。まさにないないづくしでしたが、そのリアリティこそが彼の力になると私は思いました。

「今回の候補者の中で、一番の苦労人はあなたや。その生い立ちと苦労と経験こそが、ホンマもんの力になっている。そういう人間の言葉は、苦しんでいる人たちにしっかり届く。そういう人たちのためにこそ政治があるんやないのか」

そうやって何度も説得して、ようやく彼に立候補を決断してもらいました。

お金などなくても選挙は戦える

先ほども書いたように、中川夏望さんは自分の貯金を取り崩して複数回にわたってチラシの全戸配布を行うことができましたが、経済的にギリギリの生活をしてきた山中裕司さんには、そんな貯金などありません。彼は一度だけチラシのポスティングを行いましたが、その際には、彼と苦労を共にしてきた飲食業の仲間が手伝いに駆けつけてくれました。彼自身も、徹夜状態でポスティングに駆けずり回ったと言っていました。

本気の覚悟さえあれば、お金などなくても選挙は戦える。そのことを山中さんは身をもって示してくれました。

ところで、中川さんと山中さんの決定的な違いはもう一つありました。それは、中川さんは弁が立ち、演説が非常にスマートでわかりやすいのに対し、山中さんは喋りが苦手だったこと。人前で話すことに慣れていない山中さんにとって、街頭で聴衆に向かって話す選挙演説など、あまりにハードルの高いものでした。

ところが、選挙戦も後半になると、彼の演説の迫力がどんどん増していきました。そこにあったのは本音の強さでした。

「僕は喋りも大してうまくない。人前に立つ自信もない。でも、どうしてもこの社会をよくしていきたい。子どもたちを一人でも多く救いたい」という彼の真剣な言葉には、上手い下手を超えた力がありました。まさに思いが溢れて言葉になる。そこに打算もテクニックもありません。聞いているだけで、いつの間にか涙がこぼれてくるような言葉の力でした。

最も演説が下手だった山中さんが、選挙運動の最終日の夜、最も迫力のある演説をしてマイクを置いた時にはこちらの胸が熱くなりました。魂が宿った言葉は、聞く者をしてその心を震えさせるのです。

最終日はマイクが使えるのは午後8時までですが、そのあとは日付が変わる深夜0時まで、マイクさえ使わなければ選挙活動を継続できます。とはいえ、通常はどの陣営もそこの時間で切り上げて撤収していくものです。しかし山中さんは深夜0時までの4時間、交差点で道行く車に向かって手を振り続けていました。

彼のその姿を見た陣営スタッフは、みんなが半泣きになりながら、「山中裕司を勝たせてください！」と最後の最後まで、彼と一緒になって訴え続けていました。彼の本気は陣営の人たちの心に火をつけ、そして明石の市民たちにもその熱が伝わっていきました。だからこそ、外様で経験のない無名の彼が、中川さんに迫る1万票近い得票で2位当選という、誰もが予想できなかったほどの大勝利を果たせたのです。

本当に社会を変えたい。そのためには本気で勝ちにいく。その覚悟が求心力となり多くの人たちを突き動かしていく。それが「私たち選挙」の真髄です。

「向いていない」と自覚する人ほど向いている

さて、次は8660票で第3位と、こちらも初出馬ながら大健闘した黒田智子さんの戦い方をご紹介します。黒田さんも、結婚してから明石市に引っ越してきた外様の一人でした。彼女自身が公言している通り、自分の子どもの不登校をきっかけに「PTA不登校行きしぶり親の会」という市民活動に熱心に取り組んでいました。

山中さんと同じく、彼女も自選ではなく他薦。複数の人から黒田さんのすばらしい評判を聞いて、私から連絡をして出馬を打診しました。当時、小学生と中学生の子育て中だった黒田さんには、選挙の出馬要請など青天の霹靂《へきれき》だったようです。

「せっかくお声をかけていただいたので、今日は話を聞きに来ましたけれど、選挙に出ようなんて思ったことは一度もありませんし、出る気もありません。家族も絶対に反対やと思うし、私には無理です。私には政治家らしきものが何もないですから」と即答で断られました。

私はすぐさま言いました。

「それがええんです。本人が選挙に出たいわけでもなく、自分には政治家の素質なんてまったくないと言い切る。それがええのです。そういう人こそが政治をやるべきです。黒田さんのような謙虚な目線で政治をやることは明石の街のためになります。あなたが今やっている市民活動を、市議会議員の立場でやったらいい。あなたがやりたいことを形にするためにも市議会議員に挑戦してみませんか」

1回目は即答で断られ、2回目も断られ、「三顧の礼」の故事のように3度目の説得に出かけました。

「自分は政治家という職業に最も向いていない」と自覚する、普通目線の庶民こそ政治家になるべきです。そういう人こそ、紛《まご》うことなき庶民の代表です。黒田さんような〝普通〟の庶民に、市民派選挙の最前線に立ってもらいたい。これが私の率直な思いでした。

彼女は家族と何度も相談を重ね、ようやく出馬を決断してくれたのです。

地域密着型の選挙

黒田智子さんの肩書は社会福祉士です。明るくて人当たりがよく、穏やかだけれど信念がある。人間として本当に素晴らしい。しかし一方で、選挙という闘いの厳しさから最も遠い人でもありました。つまり、時に敵を蹴散らかしてでも勝ちを取りに行くような、政治家気質というか上昇志向が欠落していた。そこが彼女の良さでもあり、選挙においては弱さでもありました。

一方で、結婚を機に明石に引っ越してきた黒田さんには地元にたくさんのママ友がいました。そこが、今回のほかの候補者とは異なり、地域で活躍してきた黒田さんならではの最大の強みでした。

そこで、彼女は自分の選挙をより一層、地域に寄り添うスタイルでいくことに決めました。つまり、明石市内で手広く空中戦を展開するのではなく、5人の市議候補の中で唯一、活動エリアを絞った選挙戦を展開することにしたのです。

人口30万人の明石市は、大きく5つのエリアに分けられます。明石市の一番東の端にある中心部（明石駅周辺）、新幹線の駅がある西明石駅周辺、市内のど真ん中にある新興住宅地（大久保駅周辺）、その隣の魚住駅周辺、そして我が生まれ故郷、西の僻地にある二見エリアです。

この5つのエリアのうち、ニュータウンである大久保駅周辺は人口8万人、ファミリー層や女性も多くおり、子育て政策や福祉行政などについて関心の高い人が多めなのが特徴です。明石市の人口30万人のうちの8万人、15分の4がここで暮らしているわけですから、人口の集中した地域だといえます。

黒田さんは、選挙活動のエリアをここ大久保に絞ることにしました。私も、「それがいいですね。もはや駅前にずっと居座るくらいに根性を決めて、駅頭に立ち続けてはどうでしょう」と伝えました。

定数30の市議会議員選挙、投票率にもよりますが、おおよそ２０００票ほどが当落ラインでした。それを超えさえすればいいのであって大跳ねする必要はありません。

人口が多めの大久保エリアに絞って選挙期間中ずっと立ち続けることで、十分に当選ラインに手が届く状況でした。しかも、ほかの4人の候補者が明石に移住してまだ日が浅いのに対し、彼女は結婚を機に越してきているので、すでに10年以上明石に住んで子育てをしているという最大の強みを生かすことができます。

2人の子どもが大久保エリアの小学校と中学校に通っていますし、ＰＴＡ活動もやっているので保護者同士のつながりもある。その自分の地域に根を下ろす選挙運動を展開したのです。

市の中心地である明石駅前にも行かない。ずーっと大久保駅前だけに立ち続ける。いつ行ってもそこにいる。明石市内をあちこち満遍《まんべん》なく回ろうとすると、当然、それぞれの場所での存在感は薄れます。しかし彼女の場合は、いつ行っても必ず大久保駅前にいる。そこに行けば黒田さんに必ず会えるのです。

さらに、黒田さんはキャッチコピーを「大久保大好き」に決めました。このコピーを入れたチラシを作成し、大久保エリアの人たちだけにポスティングをしました。もはや「大久保から立候補しました」くらいの勢いで選挙戦を展開したのです。

選挙戦最終日の夜、明石市民の会の候補者たちは明石駅前に全員集合したのですが、黒田さんだけは、最後の瞬間まで大久保駅前に立ち続けていました。結果、地域の人たちに「いつもここにいる黒田さん」として顔と名前の認知度が高まり、彼女の実直さや想いがしっかりと伝わり、２０００票どころか８６６０票もの得票で3位当選を果たすことができたのでした。

もちろん、ご家族やママ友、周囲の方々の支えがあればこその大躍進であることは言うまでもありません。子どもをもつ候補者だけでなく、応援するママ友にとっても家族の支えが不可欠です。それぞれの状況を気遣いつつ最善を尽くす陣営スタッフの姿が、顔の見える地域密着型選挙でプラスになったことも付け加えておきます。

心ある福祉士の「業界限定選挙」

4190票で4位当選と、これまた大健闘した金尾良信さんは、福祉の現場で35年にわたってコツコツと働いてきた介護福祉士です。明石市民の会の公募に、自薦で名乗りを上げてくれた一人でした。彼は、経歴も見た感じも、決して耳目を集めるような派手さはないのですが、しかし、地道にコツコツと福祉の現場で経験を積んできた実直さがありました。

彼が言うには「これまでは泉さんが明石の福祉政策を前に進めてくれたけれど、泉さんがいなくなったあとに明石の福祉が後退するようなことになってしまったら、障がい当事者、家族、福祉関係者は耐えられない。障がい福祉サービスのさらなる充実、福祉人材の確保、福祉従業者の待遇改善など課題が待っている。明石の福祉政策を少しでも前に進めていくために頑張りたいんです」ということでした。

福祉の専門職として現場で役割を果たしてきた金尾さんは、自己顕示欲などとは無縁な縁の下の力持ち。彼のキーワードはまさに「福祉の金尾」「現場の金尾」。明石市民の会の理念ともぴったり一致しました。

あとは、パッと見だけではやや地味な彼の良さを、いかにして有権者に知ってもらい得票につなげるか。そこで、黒田さんを「大久保の黒田」と地域限定で打ち出したのと同様、金尾さんも「福祉の金尾」と業界を限定し、福祉関係者の票の掘り起こしに注力することにしました。福祉以外の票は捨ててもいい、というくらいの覚悟で、振り切った選挙をすることにしたのです。

選挙期間中は、障がい者福祉、高齢者福祉など、幅広い分野の福祉団体への挨拶回りに徹してもらいました。施設の職員さんとその家族、施設の利用者さん、親御さんなども含めれば、かなりの人数になります。そうした福祉界隈の人たちの票をかなり丁寧に掘り起こす、業界限定の選挙戦を展開しました。

結果、言葉を選ばなくてはなりませんが、比較的印象が薄くなりそうなお人柄でありつつも４１９０票の4位という大健闘ですから、彼が現場で得てきた人望の厚さとともに、福祉の分野において現場を理解した市議がいかに求められているのかがわかります。いずれにしても、1位から4位までを明石市民の会が独占するという大躍進を果たすことができました。

スポーツマンの「チャリンコ選挙」

さて、5人目の山下祥さんは、最年少の29歳。5人の候補者の中でもっともマイペースなタイプの人でした。長崎生まれの彼は、早稲田大学を卒業したあとコピーライターとして働いており、言葉のセンスは光るものを持っていました。さらには、「フレスコボール」という競技の日本代表としても活躍しているという異色の経歴の持ち主でした。高校時代は甲子園を目指すほどの球児、大学でも野球をやっていましたから運動神経は抜群です。

ちなみに、フレスコボールという競技をご存知でしょうか。ブラジル発祥のビーチスポーツで、大きなシャモジのような形をしたラケットを使って砂浜の上で羽根突きのようにラリーを続けて、5分間の得点を競うそうです。彼はこの競技の日本代表として、フレスコボールの普及に努めてきたということでした。日々、明石の大蔵海岸でフレスコボールの練習をし、国内外の遠征を通じて、明石の「スポーツの街」としての可能性を肌で感じていたそうです。

彼は明石市民の会の公募に自薦で手を挙げてきたのですが、選挙戦においては明石市民の会候補5人の中でもっとも苦戦しました。何しろ、選挙直前の2023年3月18日から2日間、ブラジルでフレスコボールの世界大会が開催されるということで、彼もブラジルに行ってしまい、この前後2週間はほぼ政治活動ができなかったのです。

おまけに、資金的な余裕がないためにできることもかなり限られました。告示以降の選挙本番期間にやったことといえば、自転車に乗って、その後ろに自分の普通の車にスピーカーを積んだものを走らせて、ハンズフリーマイクで声を出しつつ街中をひたすら走り回る。完全などぶ板選挙です。

選挙戦終盤には、私も彼と一緒に自転車に乗って一日中明石市内を走り回りました。「市長の泉と候補の山下が自転車で回っています！　よろしくどうぞ～！」とチャリンコ選挙を展開。足が見事にパンパンになりました。

加えて、彼は「山下です。よろしくお願いします」という手書きの手紙をチラシに添え、日中は会社員をやりながら、早朝と深夜に地域を回り1万軒近く配布していたようです。とにかくすべてが手作りの選挙戦でした。総額で100万円もかけていないでしょう。彼もまた、山中さんと同様に、「お金などなくても志さえあれば選挙は闘える」を体現してくれました。金をかけられないならば汗をかくしかない。という中でのチャリンコ一本勝負の選挙となったのです。それでありながら選挙戦前の大事な時期にブラジルのフレスコボール大会に出ていて不在。

ですので５人の中ではもっとも苦戦が予想されました。その結果としての22位２３９５票ですから、票は正直だと実感します。あと４００票も少なければ、彼の当選は危うかった。しかし、勝ちは勝ちです。

５人全員を市議会に送り出し、さらには後述しますが県議会議員１名と明石市長も当選させて、明石市民の会はその役割を終えました。そして２０２３年４月の選挙直後に解散を発表します。

あとは、市議会なり県議会なり、それぞれが送り込まれた先できっちりと市民との約束を果たしていけばいいのです。彼らの本気が試される日々です。

なぜ県議選にも1人立てたのか

明石市議会議員選挙に先立ち、統一地方選挙前半戦として、2023年3月31日告示、4月9日投開票で兵庫県議会議員選挙が行われていました。市議会選挙と市長選挙が4月16日告示、23日投開票でしたから、ある意味で市議選・市長選の前哨戦のような位置付けでもありました。

市議選の立候補者は2022年11月に公募したのですが、橋本慧悟さんは年明け1月の追加公募に応募してきた中の1人でした。彼は、「泉市政に惹かれ明石に移住した人も多いのに、市長退任によってこの街が後退してはいけない」と強い危機感を抱いており、当初から応募の意思はあったようですが、臨月の妻へ話を切り出せず、年末に第4子が無事生まれたあと、決意を固めて応募してきました。彼は当初、兵庫県議選ではなく明石市議選の6人目の候補者となる予定でした。

マスコミの記者たちは「泉は市長選と市議選には候補者を送り込むけれど、県議選は見送るのだろう」と思い込んでいました。明石市民の会は、明石市を地盤とする地域政治団体でしたから、兵庫県議会で多数を形成することはとてもできません。定数86の議会にたった1人の議員を送り込んだところで、政策形成に影響を及ぼすのは難しいと言わざるを得ません。

当初は私も、「県議選は無理しなくていいかな」と思っていました。一方で、私は市長時代、必要とあらば中央省庁とも忖度なしに喧嘩していましたが、その過程で、中間管理職のような立場の県庁に意地悪をされることもしばしばで、パワーのいるハードなやり取りになることも度々ありました。しかし後継の市長には、「政治はケンカや！」というような鼻息で衝突しなくても済むよう、県庁との橋渡し役を用意してあげたいという気持ちもありました。そのためにも県議会に仲間がいた方がいいだろうと考えていたのです。

加えて、統一地方選後半の市議選と市長選のリトマス試験紙として、この県議選をどれだけ戦えるものなのか、挑戦しておきたいという思いもありました。複数の議員を当選させようなどと欲張らなければ、1人は確実に当選させられるだろうという自信もありました。

リトマス試験紙の結果は、単に当選すればいいというものではありません。ぶっちぎりトップの圧勝でなければならない。ここで圧勝できれば、後半戦の市長選と市議選を、その風に乗って駆け抜けていけるだろうという目算がありました。

ここで白羽の矢を立てた相手が、橋本さんでした。

橋本さんは兵庫県小野市の生まれで、慶應義塾大学卒業後は小野市に戻って市役所で働いていました。市役所の職員として働きつつ、国・県・市の多層構造によるスピード感の欠如や、「お上主義」「横並び主義」による弊害などを身をもって実感し、社会を本気で変えるには政治家にならなければ、という思いがずっと胸の奥にあったそうです。

私が市長となって進めてきた明石市の政策に興味を持ち、小野市役所の職員でありながら、「泉さんが〝子どもを核とした街づくり〟を進める明石で暮らしたい」と、数年前に夫婦で明石市に引っ越してきたという人でした。趣味は私の演説動画をお風呂に入りながら見ること、という風変わりな人物でもありました。

さて、明石市民の会からの候補者が6人揃った段階で、私は県議会選挙に送り込むのであれば誰だろうかと考えました。

市議会には複数の議員を送り込むことができるでしょうから、明石市民の会がチームとなって市政に取り組むことができます。一方の県議選は、勝ったとしてもたった1人。孤軍奮闘で頑張らなければなりませんし、できることには限りがある。たった1人でも議員

1年目からきちんとした仕事をするには、かなりの能力が求められます。

その点、橋本さんは適任だと思われました。小野市役所の政策畑や財政畑で経験を積んできており、県市共同事業に関わるなど市役所と兵庫県との調整にも携わっていたので、市と県の行政の仕組みに精通していました。34歳という若さも大きな武器でした。

彼ならば県議選で闘えると判断した私は、彼に市議選ではなく明石選挙区から県議選に出馬してほしいと打診したところ、彼も、明石市の政策をさらに前に進めるには、より大きな予算や権限を持つ県や国といった広域行政が変わる必要があると考えており、快諾してくれました。一方で、私は県議選出馬の方針をギリギリまで発表しませんでした。明石市民の会から橋本さんを擁立すると発表したのは、告示1ヵ月前の2月28日。短期決戦で圧勝し、統一地方選後半につなげるための秘策でした。

ただ勝つのではなく「圧勝」が必要だった

中選挙区である県議選は、第3章で解説したように「円グラフ選挙」です。兵庫県議選の明石選挙区は定数が4人ですから、100%÷5で20%、つまり得票率が20%より上になれば当選できます。

一方で、2019年3月、4年前の明石市長選挙のとき、私は得票率70%を超え、8万795票を獲得して圧勝していました。その私の顔写真と橋本慧悟さんの顔写真を並べた2連ポスターを作成すれば、彼の当選はほぼ確実だと思われました。

円グラフ選挙においては、極論を言うと候補者の知名度は必要ありません。どの政党に属するかとか、どこの組織の支援を受けているか、誰が応援しているかという属性で、一定のパーセンテージの得票が見込めるのです。その意味では、出馬表明から本番までの準備期間を長々と取る必要はありません。むしろ、できるだけギリギリに出馬表明をして、風が吹いている間に選挙戦を迎えようという判断でした。

単なる1位当選ではなく、ほかを突き放しての圧勝でなければ統一地方選の前半戦としてはダメだと思っていましたから、ポスターデザインやコピーにも気合いを入れました。「明石市民のための県政改革」「泉市政を県政へ！」などのキャッチコピーをメインに、「34歳」「4児の子育てパパ（0歳、6歳、9歳、11歳）」といったプロフィールも太字で強調しました。ポスター用の写真選びにも、かなり気を配りました。

ちなみに、橋本さんと議席を争う主なライバルは、60歳（自民党）、57歳（同）、56歳

（公明党）、58歳（日本維新）でした。親子のような年齢差ですので、「34歳」という数字のインパクトは強かったはずです。

もう一つ、橋本さんに対して徹底したのは、彼の「ザ・公務員」な振る舞いや、話し方のクセを変えてもらうことでした。選挙戦序盤、彼はマイクを握るなり「市民のみなさん、私は兵庫県議会選挙に出馬することになりました橋本慧悟です。未熟な若造ではございますが、市民の皆さんのために……」と話し始めました。

私は、心を鬼にして、選挙戦を共に走ってくれた彼の妻に言いました。

「厳しいことを言わせてもらうで。〝皆さん〟はダメや。〝皆さん〟の〝み〟を言った瞬間に、彼のマイクを取り上げるくらいのことをしてほしい。発想を切り替えるんや。市民は仲間や。〝皆さん〟ではなくて〝私たち〟、〝私たちの街〟、我がことなんや」

橋本さん本人にも、やや厳しくダメ出しをしました。

「自分はエリートだなどと勘違いしたらあかん。市民から教わるんや。市民の目線から役所や議会を見るんや、その目線でモノ考えて話すんや」

選挙戦も中盤以降になると、橋本さんの言葉や態度は明らかに変化し、市民と一体化した選挙戦を展開できるようになっていました。もともと心のある人でしたから、選挙戦を通じて彼はさらに大きく成長したと思います。

一方で、いつか政治家に、という志を持って明石市に引っ越してきていたのですから、越してきてからの4年の間にもう少し動いておくべきだったのではないか、と思うところもありました。彼には大いに期待しているという気持ちを込めて、あえて厳しめに言います。

例えば、防災士の資格をとって地域の消防団に入って活動するとか、地元のフットサルチームで若い人たちとのつながりを広げておくとか、出馬に向けたアクションを起こしておいたならば、さらに豊かな選挙戦を展開できたはずなのです。気心の知れた信頼できる仲間、地域の課題解決のために共に汗を流したような人たちは、いざ出馬となった時に頼もしいチームの一員として共に戦ってくれるからです。

加えて、自分の問題意識や信念と重なるようなテーマで、なんらかの資格をとっておくべきだったとも思いました。具体的に動くことで見えてくる課題や聞こえてくる現場の生の声というのは必ずあります。それらの経験を見える化するためにも、パンフレットやポスターなどに書ける資格をできる限り取得しておく。これらもすべては「勝つための入念な準備」、自分の意志や熱意を有権者に示すための大切なツールの一つなのです。

正義感と風の勢いだけで常に勝てるほど、選挙は甘くありません。どんなに準備しても、やりすぎるということはありません。日々のコツコツが大切です。これは、いずれ勝負に出たいと考えているすべての人にお伝えしたいことです。

とはいえ、10日間の選挙日程を走り終えた結果、橋本さんは3万2060票、得票率31・5％と圧勝してくれました。この得票数は、兵庫県すべての選挙区の全当選者86名の中でもトップ。明石選挙区内では、第2位の北口寛人さん（自民党・1万6195票）に対しほぼダブルスコアでした。単なる勝ちでは不十分で、「大きく勝つ」必要があった闘いで、十分な結果を出すことができました。

繰り返しになりますが、これは市議会選挙と市長選挙の前哨戦でした。市議会選挙は個々の候補者で考えると棒グラフ選挙ですが、明石市民の会全体でどれくらいの票が得られるかを読む場合にはパーセンテージ型の円グラフ選挙の発想が必要です。

その読みを立てる上で、この県議選は重要でした。橋本さんに投票してくれた人たちは、おそらく明石市民の会の市議候補5人に投票してくれるでしょう。つまり、投票者数の3分の1。一方、市議の当選ラインは、投票率にもよりますが、およそ2000票、2％ほどの得票率でギリギリ合格ラインに届くはず。3分の1の得票が見込めるのであれば、配分さえうまくいけば5人全員の当選、しかも数名はぶっちぎりの当選になるであろうと、私の頭の中では市議選での圧勝のシナリオがすでにでき上がっていました。

私の後継を決める明石市長選挙

さて、最後に触れておきたいのが、私が後継の市長として指名した丸谷聡子さんの選挙についてです。

当時の丸谷さんは、明石市議会議員として2期目を務めていました。地元のメディアは、私が誰を後継者に選ぶのか注目していました。「泉はおそらくイエスマンを後釜に据えて、院政を敷くつもりだろう」との予想が多く、約20人の候補者の名前が下馬評でも取り沙汰されていました。しかし、その下馬評はどれもハズレ。

市長候補の発表は告示の直前まで引っ張りました。短期決戦で十分に勝てるとわかっていたからです。勝つとわかっている選挙にダラダラと余計な資金や労力を投入する必要はありません。告示日のわずか3週間前に記者会見を開き、丸谷さんが立候補を表明した時には、想定外の人物の登場に誰もがびっくりしていました。

というのも、8年間の市議時代、丸谷さんは私に対して批判的な議員の一人だったからです。政策に応じて是々非々で、批判するところは舌鋒《ぜっぽう》鋭く迫ってきました。彼女は環境系に強い人で、私は子どもや障がい者などの福祉系の人ですが、共通していたのはお互いに「市民派」であるという点。そんな中、是々非々で緊張感を持ちつつ切磋琢磨してきたという関係性でした。明石にフリースクールを立ち上げるよう、私に強く働きかけてきたのも彼女でした。私に忖度することなく強く出てくる人だからこそ、彼女が後継者としてふさわしいと思ったのです。

私がいなくても大丈夫な状態で、明石市政を次にバトンタッチすることが私の最後の使命だと思っていました。明石の市民にとって何がベストなのかと考えた時に、私の政策をただなぞるような人では私が降りる意味がありません。

私は、県知事とも市議会ともドンパチやりすぎたようなところもあるので、そういう意味では、私とは違うスタイルの強さを持つ人で、かつ私が築いてきた子どもや福祉の政策は決して後退させない、そういう思いのある人として彼女は最適だと当時は考えていました。

彼女の苦労人としての歩みにも共感していました。彼女は幼くして父親を亡くし、高卒で働きながら大学の夜間学部に通い、40代で同志社大学大学院の門をくぐり、総合政策科学を専攻し、博士号まで取得したほどの努力家です。そうした苦労を微塵も感じさせず、温厚なキャラクターと笑顔で淡々となすべき仕事をしていく芯の強さを尊敬していましたので、彼女にぜひ市政を引き継いでもらいたいと思っていました。

「泉の後継者」として出馬すれば勝てるであろうことはおおよそ誰もが予想していたのですが、問題はその勝ち方です。僅差での辛勝なのか、あるいは圧勝なのかで、その後の市政運営のやりやすさ、市長としての求心力の強さもグッと変わってくるからです。

12時間ぶっ通しで演説を続けた

明石市長選挙は明石市議会選挙と同時期、4月16日告示の23日投開票でした。7日間の選挙戦を通して、明石市民の会の5人の市議候補と丸谷さんを圧勝させるべく、私も明石中を駆けずり回ったわけです。

最終日の22日、私は朝の8時から明石駅前でマイクを握って応援演説を始めました。あそこは一等地ですから、どの陣営も最後はそこで演説をやりたいもの。さまざまな候補者が私の演説が終わるのを待っていましたが、私はマイクを離しませんでした。そして夜の8時まで、12時間ぶっ通しで立ち続けて明石市民の会の思いを訴え続けたのです。

こういうことをするから私は嫌われやすいのでしょう。しかし、嫌われることを恐れ、いつもいい人でいたいと思うのであれば、政治などやめた方がいい。時に忖度なく喧嘩し、時に泥水をかぶる覚悟がなければ政治家などできません。

その上、街頭演説の場所取りは基本的に早い者勝ちです。30分くらいやったら移動して他の人がそこに立つ、という流れになることが多いわけですが、別に明文化されたルールがあるわけでもなんでもありません。

一瞬でも自分が抜けたらほかの陣営が入ってきてしまいますから、私は12時間、その場でマイクを離しませんでした。もちろん昼食も抜きです。10秒チャージのゼリー飲料を一瞬で飲み込んで、あとはひたすら話し続けていたので、「この人、おかしいわ。どうかしてる」と周囲から言われるほどでした。

しかし12時間ずっと同じテンションで話していたわけではありません。「この明石の市民の幸せと安心を託せる人は誰なのか。俺がやってきた12年間を無駄にさせてたまるか！」と、市民とのこれまでのエピソードをさまざま交えながら語っているうちに、気持ちが昂《たかぶ》ってきて涙がこぼれます。すると、話を聴きに集まっている人たちも一緒にもらい泣きをする。その瞬間にパッと聴衆の中に入っていって一気に100人200人と握手をしていきます。それまで聴いてくれていた人たちと「頑張ってや」「ありがとう！」と言葉と握手を熱く交わし、一旦、その場はお開きといった空気になります。

その人たちを見送ってから、再びマイクを握り、「皆さん、泉房穂です！」とまたゼロから始めて道ゆく人たちの足を止めさせるのです。これをひたすら繰り返しました。

ただ、それも計算ずくでやっているわけではなく、自分の内側から強い想いが溢れて止まらなくなっているだけなのです。こうなると、もう自分でも自分が止められない。自分の内側から溢れてくる言葉が力を持って、その言葉の力が周囲に波及していって、目の前で話を聴いてくれる人たち一人ひとりの心の中に火が灯《とも》っていくのを感じるのです。

自分がどうして政治を目指したのか。目の前の溺れそうな人を救うのが政治ではないのか。自分はどれだけ明石を愛し、明石を憎み、そして明石に育てられてきたのか。この12年間、明石の街でどのような変化が起きてきたのか。ここから先、明石はどこに向かうのか。誰に託していくのか。誰とともに明石のこれからをつくっていくのか。夜の8時になっても、疲労困憊というよりは、むしろまだマイクを手放すのが惜しいような気持ちでした。

翌日の投開票で、丸谷聡子さんは7万7017票、得票率64・74％と予想通りの跳ね方をしました。次点（3万6944票）にダブルスコア以上の大差をつけての圧勝でした。

明石市民の会は、明石市長選挙、兵庫県議会議員選挙、明石市議会議員選挙のすべてに完勝してその使命を終え、2023年4月末をもって解散しました。地盤（組織力）・看板（知名度）・カバン（資金力）に頼らずとも選挙に勝てる、市民派選挙の底力を全国に示すことができたと思っています。

第5章 再び国政の場へ

「私たち選挙」の横展開

明石市民の会を解散したのち、私は表舞台から退きましたが、まだ自分が果たすべき役割があると思っていました。それは、明石スタイルの市民派選挙を横展開させていくこと。保育園の費用や給食費をはじめとした子育て費用5つの無料化など、国に先駆けて実現させてきたものが各地の自治体に広がっていったように、「私たち選挙」のスタイルを横展開させていきたいと考えていました。

岩手県知事選挙（2023年8月17日告示）や東京の立川市長選挙（同年8月27日告示）などの応援に入ってそれぞれに市民派候補の勝利を見届けたのち、私は同年10月15日告示の所沢市長選挙に突っ込んでいきました。

すでに6月の段階で現職に挑む覚悟を表明していた元衆議院議員の小野塚勝俊さんから「所沢市長選を応援してほしい」と打診を受けていましたが、私は「3期12年に及ぶ現職が4期目を目指すと表明するまでは動いてはダメですよ」とアドバイスしていました。動くべきタイミングは状況によって異なります。この辺りを戦略的に見極めることも重要です。

　この温暖化の時代に公立小中学校へのエアコン設置を渋る、あるいは第二子出産で親が育休を取得したら、第一子を保育園から退園させる「育休退園制度」を継続させるなど、現職市長の子育て政策に憤りを感じていた所沢市民は少なくありませんでした。

　さらに、市長選挙の直前、埼玉県議会で審議された「虐待禁止条例」の改正案、別名「子どもの留守番禁止条例」の内容の酷さに埼玉県民の怒りが沸騰します。これは、子どもだけで公園で遊ばせたり留守番させたりすることを「虐待行為」だとみなし、小学３年生以下は放置禁止、小学４〜６年生は保護者の努力義務とするトンデモ法案でした。定員オーバーのため学童保育に入ることのできない子どもたちもいるというのに、保護者が付き添っていない子どもに気づいたら通報するよう市民に呼びかけるなど、働く保護者たちの日常をおよそ理解していないような、びっくりを通り越し、監視社会をもたらすような恐ろしいものでした。

　県議会の委員会で自民・公明による賛成多数で可決し、本会議でも成立の見込みとマスコミが報じていましたが、このトンデモ法案に怒った市民たちがＳＮＳで情報を一気に拡散、オンライン署名を呼びかけたところ瞬《また》く間に数万人もの署名が集まり、自民党県議団は改正案の取り下げを余儀なくされました。

こうした与党のオウンゴールともいうべき失策は、与党の推薦を受けている現職にとって逆風となり、その現職を倒すべく出馬を表明した小野塚さんへの追い風となっていったのです。

本来の魅力を発揮できていない街

人口34万人、新宿や池袋から電車でわずか20〜30分と立地にも恵まれた市でありながら、所沢市は長らくその魅力を発揮できていないように見えました。

中核市の要件は人口20万人以上ですから、所沢市はとっくに中核市に移行可能だったにもかかわらず、それすらしていませんでした。そのため、市として保健所も持っていなかった。人口30万人以上の自治体で保健所を持っていないのは、全国で唯一所沢市だけでした。新型コロナ禍などの非常事態の際も、保健所がないことで所沢市民は大いに不便を感じたはずです。不便どころか、あの時は命の危機に直面させられるような事態だったでしょう。

いずれにせよ、今の所沢市政に不満を持つ市民たちの声は大きくなりつつありましたから、現職が4期目を目指すと表明した直後に、小野塚さんが無所属での出馬を表明し、闘う構図は完成しました。出馬会見で小野塚さんの隣に座っていた私は、彼の勝利を確信し心の中でガッツポーズをしていました。

選挙期間中、私は小野塚さんと一緒に所沢市内を駆けずり回りました。新所沢駅前で演説するときは「シントコの皆さん、シントコはこれほどいい場所にあるのに、なんで来月PARCOがなくなるんですか。このままでいいんですか」と話し、小手指《こてさし》駅前で演説をするときには「全国有数の西友が、どうしてこの小手指駅から撤退してしまうのか、おかしいでしょう」と訴えかける。のぼり旗と一緒に商店街を練り歩く時は、「この商店街にお金が落ちるような循環を生み出すためにはどうすればいいか」と話します。時間と場所によって話題をガラリと変えながら、所沢市をもっと良くしていこうと訴えました。

現職の応援に来ていた自民党の国務大臣は、あろうことか所沢駅前でマイナンバーカードの必要性について一生懸命話していました。どこの誰が、マイナカードの話を聞いて市長選挙に票を投じようという気持ちになるでしょうか。話す相手の顔が見えていないのだなと思うにつけ、国政を担う人が有権者に届く言葉を語れないことに残念な気持ちがしました。

いずれにしても、街頭で出会う市民の反応は子育て世代を中心に熱を帯びていき、街頭で応援してくれる人の割合は7割を超えて75%くらいまで上がってきているのを感じました。第3章で書いた「28対27」の法則においては街の応援ムードが7：3で辛勝ですが、そこは既に超えたと感じていました。投票率もそこそこ跳ねることが予想されましたので、私は午後8時のゼロ当（投票が終わる8時00分の瞬間に当選が確定すること）での勝利を確信するに至ります。

結果は、前回の2019年に31・99%だった投票率が38・80%まで跳ね上がり、小野塚さんは5万7272票、現職は4万1477票と、1万5000票以上差をつけた圧勝でした。一騎打ちの構図ではなく第三極として無所属の女性が出馬していたため三つ巴の戦いとなり、現職への批判票は2つに割れたのですが、それを上回って投票率が跳ねたことで圧勝できたのです。

マスコミは与党推薦の現職の勝利を確信していたようですが、蓋を開けてみれば予想通りのゼロ当。現職陣営で当確を待っていたマスコミは大慌てでこちらの事務所に駆けつけてくる有様でした。

当選後、小野塚さんは選挙で市民と約束した通り、「育休退園制度」の即時廃止や中核市への移行の方針決定など、所沢市の改革に積極的に乗り出しています。

市民派市長が改革を前に推し進めていくためには、初登庁の日が勝負だ、その日にパネルを用意して記者会見を開き、方針転換を発表してしまえば、市民の信託を受けた直後の市長の方針には逆らえない、とアドバイスした通り、小野塚さんはすぐさま会見を開き、方針決定を公言しました。

私の仕事は彼が市政改革に着手するのを見届けるところまで。あとは彼と市民の二人三脚で市政改革を進めていけばいいのです。

「やります」ではなく「やった人」の言葉

さて、実際にすぐさま改革に着手した所沢市長はまだしも、横展開の中で誕生してきた市民派首長たちの多くが、その後、改革を前に進めることができずにいる様子を離れたところで見守りながら歯痒く感じていた私が、縦展開のために国政を目指すタイミングを待っていたことは第1章で述べたとおりです。

２０２５年5月現在、私は国政への再挑戦を決意し、兵庫県内を走り回っています。党利党略を超え、「国民の負担を減らし、使えるお金を増やし、持続可能な経済循環を生み出す」ための大同団結を目指したいと考えた結果の無所属です。目下のところもっとも急ぐべき政策、負担増で押しつぶされそうな国民を救う、国民の「負担を軽くする」という大枠であれば、政党を超えて団結できると考えての判断でした。

目の前の勝負に勝つことはゴールではなく、その先の政策転換を実現させるためのスタートラインです。再び、「勝ちにいく覚悟」も新たに、兵庫県内の全41市町村を回りながら、私の思いを訴えていますが、どこに行っても、強い期待感を感じます。コンビニの前、住宅街、駅頭など、どこで演説を始めても、道ゆく人が足を止めて演説に聞き入ってくれます。中には涙を流しながら耳を傾けてくれる人もいて、かつての選挙戦最終日を彷《ほう》彿《ふつ》とさせるような空気の濃度を感じます。

「ようやく出てきたか」「これまでメディアで散々言ってたこと、しっかり実行してや！」と背中を叩かれ、手を握られ、時折熱烈にハグされます。「明石の街でやったことを国政でもやってくれ」という声もありますが、それよりも多いのが「うちの市長になって」という声。明石でやってきたことを我が街でもやってくれ、という言葉に実感がこもっています。「分身の術が使えたらええんやけどな」と冗談を交えつつ、しかし、そこに市民の切実な思いを感じるのです。

近年になってようやく大企業を中心に賃金は増加傾向に転じましたが、あくまで大企業が中心です。とくに就職氷河期世代の取り残され感は半端なく、世代ごとに分断が進み、多少の賃上げも恐ろしい物価高に飲み込まれてしまっているのが現実です。先行きは不透明のまま、税金や社会保険料などの負担は増え、そこに物価高のパンチが続き生活を追い詰めている。

こんなに頑張っているのに、どうして日本は失われた30年から抜け出せないのか。どうして自分たちの暮らしは常に苦しいのか。どうして将来に何も希望が見出せないのか。

そんな時、明石市政の実績を語る私の言葉は聞く人たちの耳や心をとらえます。「やります」ではなく、「やった人」だからです。メディアや議会から叩かれ県や国とケンカしながら政策を転換させ、市民の負担を軽くして、明石に好循環を生み出した。

いまだに明石市は人口が増え続けています。人口増加率５％は全国の中核市のトップ。さらに直近5年間の合計特殊出生率の平均値は全国が１・３３のところ、明石は１・６３で兵庫県内トップです。住みたい街、子育てしたい街・明石として変貌を遂げられたのはなぜか。

すでにだぶついていた市営住宅の建築をすべてストップさせ、不要不急の事業は見直し、浮いた予算と人員を子育て支援に突っ込んだ。ファミリー層が増えたことで商店街に活気が生まれ、地元経済が回り始めた。財政が黒字化し高齢者向けのサービスも手厚くすることができた。私が大切にしているのは、ステークホルダー全員が、それなりの満足感や納得感を得られることです。

方針決定権と予算編成権と人事権を握っている市長がやると決めればやれる。要は本気でやろうとするかどうかです。そして、政治は結果です。口では何とでも言えます。本気で市民のために闘っていたかどうか、有権者はしっかりと見ています。だから私の3回目の市長選は対立候補に対しトリプルスコアの圧勝だったのです。

ちなみに、私は就任1年目で赤字だった市の財政を黒字にしました。市民の負担を増やすことなく黒字化を実現させた。財源も権限も限られていた明石でできたことが、より大きな財源と権限を持つ国にできないはずがありません。そう訴える私の言葉に、共感してくれる市民が日に日に増えていくのを感じています。

必要なのは「社会を下支えする」という政治のメッセージ

私が今、国政での政策転換について訴えていることをわかりやすく一言で言うと、「使えるお金を増やす」ということです。

これまで、税金が上がり、社会保険料が上がり、光熱費や学費などの負担も上がり、そして物価も恐ろしい勢いで上がっている。一方の給与はほぼ横ばいで、近年は若干賃上げの動きが出ているものの、物価高に飲み込まれて実質賃金は目減りし続けています。そういう時こそ給付金などの支援で下支えしなければならないのに、それすら減っている状況。国民の手元に残るお金、使えるお金がジリジリと減り続けているわけです。

その結果、経済が回らなくなり、悪循環に陥っている。問題は、そこから抜け出すための政策転換に向かわないことです。社会保険料や税金の増加など、ひたすら国民に負担を押し付ける方向で思考停止の政治が行われてきたことです。

30年前、税金と社会保険料の国民負担率は３割ほどでしたが、今や45％を超えています。さらに、家計支出における食費の支出の割合を示すエンゲル係数が、２０２４年に

28・3%と1981年以来の高さになってしまった。もはや先進国で最悪レベルの家計状況だといえます。主食の米の価格がこの1年で2倍に跳ね上がり、米を買うことすらままならない異常事態です。

少子高齢化の時代に負担増は仕方がない、財政均衡を保つためにも国民負担増はやむを得ないなどという人もいますが、それは政治の放棄にほかなりません。今やるべきは、緊急に国民の負担を軽減し、給付などの生活支援を充実させ、国民が使えるお金を増やすことです。

国民は「政治は自分たちの方を向いている。大丈夫だ、私たちの社会は底が抜けたりしない」と思えてようやく安心してお金を使えるようになります。今、必要なのは「税金を下げ、社会保険料を下げ、光熱費や学費などの負担を下げ、物価高騰を抑制し、一方で給与や年金を増やす方向に政策を転換させますよ」という強いメッセージです。そして、それを実現していく政治家の決断力です。

官僚に任せると財政は肥大化していく

こうした政策転換を打ち出すと、必ず出てくるのが「財源はどうする」「財源なき減税は単なるポピュリズムだ」という批判です。しかし、繰り返しますが、ないのは財源ではなく政治家の覚悟と決断力です。

官僚は、社会状況がどのように変わろうとも、自らの過去の方法論を否定したり、これまで続けてきたものを自ら切ろうとしたりはしません。官僚に任せる限り、必ず財政は肥大化していきます。合理性はさておき、狭いより広いハコモノ、短いより長い道路、前年を上回る予算というものが評価される官僚組織の中では、ある意味でやむを得ないともいえます。課ごとに予算積み上げ競争をしているような官僚組織に、予算削減の自浄作用を期待するのは無理です。

そして、選挙で選ばれたわけでもない官僚にとって、国民の幸福追求がモチベーションにならないのは、ある意味で当然のこと。むしろ、官僚が自分の価値観で勝手に動いてしまったら、それは法治国家とはいえません。官僚の業務の方針や内容を決めることこそ、国民によって信託を受けた政治家の役割です。今の日本の惨状の原因は、政治が政治として機能していないことにあります。

財源はないのではなく、作ろうとしていないだけ。私が市長に就任した当時の明石市の予算は年間およそ2000億円。当時、そのうちの125億円が子ども関連の事業に割り当てられていました。関わっていた職員は三十数名。

私は、予算編成権と人事権を行使して子ども関連の事業予算を297億円まで積み上げ、人員も150人とおよそ4倍に増やし、社会福祉士や臨床心理士、弁護士などの専門家を積極的に採用。子育てしやすい街、住みたい街・明石として、市民に安心や希望を感じてもらえるような政策を次々と打ち出しました。

「子どもは地域の未来。子ども支援は、子どものいないあなたのための政策でもある」と発信し、実際に予算を組み換えて実行した。当然ながら職員や議員からの抵抗やハレーションも起こりますが、そこで怯《ひる》んでいたら改革は進みません。見るべきは市民の顔。市民の方を向いた仕事である限り、できないことはありません。

財源は「ない」のではなく「作る」

もちろん打ち出の小槌《こづち》のように財源が増やせるわけではありませんから、今ある予算の配分を変えていくことが重要です。では、明石市長時代はどのようにして事業を仕分けし財源を捻出していったか。

私は事業を、①must（やるべきこと）、②better（やった方がいいこと）、③may（やってもやらなくてもどちらでもいいこと）、④don't（すべきでないこと）の4つに仕分けました。

その結果、④don'tの事業、つまり、すべきでないような事業もありました。無策どころか害悪というような事業、市民のニーズとまったく噛み合っていない事業に、前例踏襲や利権絡みの構造の中で、延々と予算がついていたのです。こんなものやる必要ないやないか、と指摘すると、騒ぎ立てなければ市民にバレやしないからいいじゃないかというような反応が返ってきた。もちろん即刻停止させましたが、族議員や関連部署の職員、業界関係者との間でかなりのハレーションが起きたことは否定できません。

続いて、③may（やってもやらなくてもいいこと）、こちらはそこそこの件数が出てきました。別に害悪ではないが意味もなさそうなこと、しかし、やめようという力が働かないので、漫然と続けられている事業。本当に必要？　余裕がない中で、今、この事業に予算を使う意味ある？　という指摘を繰り返し、即時停止するとハレーションが強すぎるものに関しては経過措置をとりつつ、5年ほどかけてほぼすべてを停止させました。

②better（やった方がいいこと）は、非常に多くありました。先ほども言ったように、建物は狭いより広い方がいい、堤防は低いより高い方がいい、実施回数は少ないより多い方がいい。多くの場合、それはそうでしょう。しかし財源が限られている以上、事業を精査していく必要があります。まずチェックしたのは、「緊急性と頻度の妥当性」。つまり、今すぐ実施する必要があるのか、頻度は妥当なのか。例えば、毎年実施していた事業が、2年に1度でも問題ないとなれば、それだけで予算を半分削ることができます。

加えて「代替性」の有無。例えば、避難所の建て替え計画があったとしても、避難所に指定できそうな公共施設が海から離れた高台にすでにあるのであれば、あえて新たに建てず、そこを指定避難所にすれば済む話です。その方が避難者の安全性も高まるのであれば合理性もある。もちろん、建て替えによって受注が見込めた事業者にとっては痛手かもしれませんが、代替可能な事業ではなく、本当に市民にとって必要な事業にこそ、その能力を発揮してもらいたいのです。

もう一つの見直しポイントは「コストの妥当性」。先ほども書いたように、官僚に任せっきりにすると財政は漫然と肥大化します。大きな予算の方が達成感も高まるし、カツカツの予算でやるよりも多少の余裕があった方がリスクを回避できるなど、つい予算を積み上げたい心理に駆られてしまうもの。そのコストの妥当性を判断し、必要に応じて適正なコストに軌道修正していくのが政治家の仕事です。大きな予算をぶんどって自分の票田になる業界にばら撒く、などというような昔ながらの政治では、どこの自治体ももう立ち行きません。

さて、肝心の①must（やるべきこと）、これこそ国民の負担を減らし国民の生活を支えることでしょう。今こそ、政治の力がもっとも必要とされている。ところが実態は、②と③に多くの予算がムダ遣いされ、④の事業さえ密やかに生き残り、肝心の①に使う予算が「足りない」などという茶番のようなことが起きています。

ハレーションを恐れずに事業を精査し、政治決断を下して予算配分を変えていけば予算は作れます。この社会の立て直しは、まずそこからです。

だからこそ、「国民の負担減」「国民を救う」チームで大同団結し、方針転換を実現させていくことが必要なのです。国民は今、負担の重さに押しつぶされそうになり、我慢の限界に来ています。今ならば、減税をキーワードに国会で政策転換への大きな流れを生み出すことが可能です。

消費税はすべて廃止、あるいは5％まで減税、食料品のみ消費税0％、もしくは社会保険料と税金を一体にして負担減を図るなど、減税の選択肢はたくさんありますが、まずは大同団結が可能なところ、そして現実に今の政治が飲める案で落とし所を見つけていかなければ、過半数を超えるチームを作ることはできません。

その先、3年後の次の参院選改選までに解散総選挙があるか、あるいは3年後に衆参同日選挙になるのかまだわかりませんが、この3年で過半数を超える仲間を国会の中に作り、この国の新しい形を模索していきたいと思っています。

明治維新以来の令和の大改革

「国民の負担を減らし、使えるお金を増やし、持続可能な経済循環を生み出す」ための政策転換は、私の中で、中央省庁の再編と、日本全国の地域再編〝廃県置圏〟構想と一つにつながっています。

2001年に省庁が再編されてから、すでに24年が過ぎました。当時、22あった省庁は12に統合再編されましたが、今の日本の構造的問題は、これら省庁の力がいまだに強すぎることにあります。

多くの先進国と比べて、日本の中央省庁の力の強さは突出しています。民間や地方に任せた方がうまく回るであろうことまで中央で取り仕切っている。現場からもっとも遠い人間が霞ヶ関の机の上で考え出したシステムなので、都道府県を通って基礎自治体まで降りてくる頃には、現場の実態とかけ離れたような設計になっていることが少なくありません。

ほかの先進国と比べ、国の仕切りが強すぎるのが特徴です。多くの省庁が自分たちの影響力を保持すべく民間にさまざまな規制をかけて、結果として民間の新しい挑戦を阻害する要因になっている。変化のスピードが加速している時代、民間主導の方がうまく回ることは少なくありません。

近代国家の夜明け、明治維新の際には、教育やハードの整備を全国一律に中央主導で進めていく必要がありました。しかし、全国一律の時代はすでに終わりました。これからは、それぞれの地域の特性を生かした地方自治の時代です。全国一律である必要はありません。経産省が民間の経済活動を仕切りすぎる必要もなく、事業はもっとスリム化できるでしょうし、文科省の教育行政や総務省の地方行政などの分野は、地方の自治に委ねていく時代に来ているのではないでしょうか。

省庁再編と合わせて実現させたいのが、地方の構造転換です。国・都道府県・市区町村という「三層構造」をやめて、国と300～500ほどの自治体という「二層構造」に日本全国を再編する。

そもそも、都道府県は、全国津々浦々の市区町村に国からの指示を伝え、国の一律ルールに従わせるという役割を明治維新の頃より担ってきたわけですが、時代の大きな変化に伴い、その役割を終えつつあると感じます。都道府県は市区町村と一体化し、全国1700以上ある市区町村を人口30万人程度の、300～500くらいの〝圏〟として再編させる。権限と財源を国から移譲してもらうことで、地域の特性を活かしたスピード感のある地方自治が可能になるでしょう。都道府県と市区町村の予算も合体しますから、コストの上でも効率化が図られるでしょう。

まさしく明治維新と匹敵するような令和の大改革です。途中で終わったら破綻しかねませんが、そこまで持っていければ、持続可能な共同体として、この国を立て直すことができると私は考えています。

物語性のある勝ち方が次の展開につながる

長期的視野の必要な大きな構想ですが、この構想に賛同してくれる政治家たちとつながって、政界再編を起こして改革を前に進めていきたい。中央集権とケンカをすることになりますから、そこに張り付いている族議員や既得権益団体などとぶつかることもあるでしょう。加えて、都道府県の廃止と圏域構想は全国の知事や地方議員との軋轢《あつれき》を避けられません。できる限りハレーションを抑えるために、場合によっては一定の経過措置をとることも必要でしょう。

都道府県の職員たちは、圏域の自治体で、より一層市民に寄り添った身近な行政の担い手として手腕を存分に発揮してもらいたいと思います。これまでは国と地方の板挟みになり、市民と直接触れ合う機会も少なかったかもしれませんが、圏域での仕事は、これまで以上に行政職としてのやりがいを感じられるのではないでしょうか。

時間的な猶予を設けたり、経済的利益や社会的利益、政治的満足が感じられるような何らかの配慮をしたりしつつ、ステークホルダーの誰もが一定の腹落ちができるようなプロセスを時間をかけて進めていく。

これだけ大きな変革にはそれなりの腕力が必要になるでしょうが、きちんとしたシナリオさえ書ければ、人は動くと信じています。希望の見えない今の社会を、持続可能な希望のある社会に転換していこうという本気の政治家たちが集まってくるはずです。そのリアリティには自信を持っています。

国政でまずなすべきことは、国民負担増の政治を止め、国民を救う政策へと方針転換させることです。そのためには、いかにして勝ちにいくのか、その物語性が問われていきます。明石市長選挙のときと同じように、市民の力で闘い抜くことができれば、その先、負担減に向けた大同団結の流れを生み出し、市民の方を向いた政治へと方針を転換していくことができます。

暴言の責任をとって辞任した2期目の終わり、「今度は私たちが助ける番」とのスローガンを掲げて、市民が私の再出馬を求める署名活動に立ち上がりました。あのような展開、一体誰が想像したでしょうか。当の本人である私が一番びっくりしました。こんなことが現実に起きるものなのかと信じがたい気持ちでした。

そして再出馬を決断し、トリプルスコアで圧勝という誰もが予想しなかった結果で再び市民の代表となったのです。明石限定の市長選が、驚きをもって全国で受け止められたのは、この勝ち方のメッセージ性、物語性にあるのでしょう。

主人公は私ではありません。署名に立ち上がった一人ひとり、自分たちの声の力を信じて諦めなかった市民一人ひとりです。

今、政治に対する不信が広がっています。誰もが命に等しい1票を持っているという、この上なく美しい選挙の場で、おかしなデマが拡散されたり、およそ建設的とは言えない誹謗中傷が繰り広げられることもあります。こんな茶番はうんざりだと、政治に失望する人がますます増えることを危惧します。

選挙は民主主義の根幹です。声の小さな人も大きな人も、誰もが命に等しい1票を持っている。私たちが変えたいと思えば、社会は変えられるのです。

政治をバカにしてもお腹は満たされません。政治をあきらめた社会に未来はありません。私たちの手に未来が握られています。あきらめずに、冷たく分断された社会を温かさと共感の社会に共に変えていきましょう。

私たちには、その力があるのです。

おわりに

この本を手に取ってくださり、ありがとうございます。

『勝ちにいく覚悟』とは、泉もずいぶん強気なタイトルをつけたものだと思われたかもしれません。が、本文を読んでくださったみなさんには、目先の勝ち負けのことを言っているわけではないのだと、その言葉に込めた私の真意が届いていることを心から願っています。

私たち一人ひとりは、バラバラのままでは小さく頼りない存在です。完全無欠の人間など存在しません。それぞれに欠けがあり弱さがある。自分はそんなに弱くないと思う人もいるでしょうか。しかし人は常に変化します。思いがけないところで人生につまずくこともあるでしょうし、病いを得ることもある。そして、時間とともに誰もが年老いて弱くなっていきます。だから、私たちは「支え合って」生きているのです。

弱い人を排除しない、声の小さな人を排除しない社会というのは、つまり誰にとっても優しい社会です。政治の使命は、こうした優しい社会を実現させることにある。政策を転換して優しい社会を実現させていく、「やりたい」ではなく「やる」のだと決断し覚悟を決めるのです。やらなければ、救えるはずの人を救えないからです。

願望と覚悟の間には、深い溝があります。その溝を飛び越えた人だけが政策転換を実現させられるのだと思っています。

庵野《あんの》秀明監督の伝説的アニメ作品『新世紀エヴァンゲリオン』をご存知の人は多いでしょう。世界存亡の危機を迎えた時代、謎の生命体である〝使徒〟の襲撃と闘う若者たちの物語です。

弱くて脆い14歳の子どもたちが、〝使徒〟の襲撃から世界を守るという使命を背負わされ、巨大兵器エヴァに乗り込んで死闘に赴かなければならない。闘いのたびにエヴァは傷つき四肢を欠損しボロボロになります。それを見守る大人たちも悩み迷い、完璧とは言い難い人たちばかりです。

庵野監督は、人間の強さや完璧さではなく、欠落した部分、弱さや抱えた傷を丁寧に描きます。ご自身のお父様が若い時に事故で片脚を失っておられることと無関係ではないようです。自分に弱さや欠けがあるからこそ人は他者の痛みに共感できる。そして、他者からの眼差しによって、人は自分の居場所を得て生きていくことができるのだと思うのです。

私が特別な思い入れを持っているのが、エヴァ零号機パイロットの綾波《あやなみ》レイ。特殊な生まれ方をした彼女には、自分の生死への強い執着がありません。

巨大な〝使徒〟の前で怖気付く主人公の碇《いかり》シンジに向かって淡々と「あなたは死なないわ。私が守るもの」と言い、実際に身を挺《てい》して彼を守り抜きます。何よりも大切なものを守る。そのためになすべきことをする。そこに迷いはありません。わずか14歳の少女の言葉と行動が胸に刺さります。

大袈裟に感じるかもしれませんが、私も綾波レイのように生きていきたいと本気で思っています。実際、明石市長時代には「市民のみんな、大丈夫や。明石市が守るから」という思いで一つひとつの政策を実現させてきました。

2020年4月、新型コロナウイルスの感染が拡大して社会のさまざまな活動が止まった時も、市民からの悲鳴のような声が私を動かしました。4月10日、閑散とした商店街を歩くと、「もうテナント料を払えない。パートさんたちを路頭に迷わせたくないが、どうにもならない。店を畳むしかない」という声が次々に聞こえてきました。25日の締め日までに家賃を準備できなければ店を潰すしかないと追い詰められていた。パートで働いて子育てしていた人たちは、たちまち親子ともども困窮に陥っていた。

私はすぐに市役所に戻って幹部職員を集め「補正予算を組んでくれ」と指示を出しました。「商店街が潰れそうや。個人事業者に100万円の上限で緊急支援を実施する。ひとり親家庭の子どもたちがお腹を空かせているから、こっちには5万円を振り込む。急ぎ、6億円を用意してくれ」

市議会にも足を運び「今こそ政治の出番や。臨時市議会を立ち上げて予算を通して欲しい」と頭を下げた。そして銀行に電話をして、まもなく明石市が金を突っ込むから振り込みの準備をしてほしいと伝えました。

普段は何かと衝突することの多い職員や議員たちも、この時ばかりは苦境にある市民を救うという点で迅速に一致しました。私は4月16日に商店街への緊急支援などを軸にした補正予算案を記者会見で発表、20日には予算案が全会一致で可決、21日から申し込みの受付をスタート、受付から2日後には市民への振り込みが始まりました。初日だけで100件以上の申し込みがありました。ひとり親世帯への支援は5月振り込みの児童扶養手当に上乗せする形で支給しました。

5月に入ると、親が失業した、収入が激減した、4月末が期限の前期の学費が支払えず学業を断念するしかないという「コロナ中退」に追い込まれそうな学生たちの声が聞こえてきました。私は記者会見を開いて「親が払えなくて本人も払えないのであれば明石市が支払う。それが行政の仕事や」と宣言し、近隣の学校に片っ端から電話をして「あなたの学校に学費を滞納している明石の学生がいたら、明石市が払います」と伝えました。

学費立替払いや商店街への支援は無利子で保証人不要の貸与です。返済不要とすると厳格な審査が必要となるためスピード重視で貸与としました。

家庭の経済状況の悪化で高校進学を諦めかけていた中学3年生たちに対しても、予算を組んで返済不要の給付型奨学金制度を新設、「あなたは諦めなくていい。大丈夫」というメッセージを打ち出した。大学生たちにバイト代を払って講師になってもらい、無料の学習支援制度もスタートさせました。高校進学後も「明石市は応援してるぞ」との思いを込めて、卒業まで毎月1万円を3年間給付することも決めました。

最初の年は30人定員のところ100名を超える応募が殺到、臨時市議会で支援枠を拡大させ、困窮が明らかな110人に支給を開始しました。2022年には200人まで定員枠を広げましたが、220人の応募が来てしまいます。ここから20人を切るのは大変だと思いながら申請書類を読んでいたら泣けてきてしまった。というのも、書類がどれもこれも誤字だらけだったのです。こんな大切な書類なのに漢字をきちんと書けないのかと思ったら泣けてきて仕方がなかった。この子たちの学びを止めたらあかんと思い、「君らに金がなくても明石がなんとかするから安心して勉強を続けてくれ。そして、将来はふるさと明石のために力を発揮してくれよ」と、その年は220人全員への支給を決めました。

2024年の年が明けて間もなく、明石駅前の店で夕食を食べていたら、その店のアルバイトの子が走り寄ってきて「泉さんのおかげで高校に行けてます。ありがとうございました。お礼だけ言いたかってん」と声をかけてきました。最初の年に申請してきた子でした。母親と二人暮らしで厳しい中、進学への望みをかけて申請したのだという。30人の定員枠を広げて良かったと思いました。この子を見捨てるかどうかを決めるのは政治。明石の政治は見捨てなかったのです。

「あなたは死なないわ。私が守るもの」

そう言って淡々と使命を果たす綾波レイの姿に、やはり私は自分の決意を重ねたくなる。「守りたい」のではなく「守る」のです。政治とは一人ひとりの市民の命と暮らしを守るためにある。

だから「勝ちたい」のではなく「勝たなければならない」。「願望」ではなく「覚悟」なのです。あちこちで溺れかけている人がいる。今、自分が頑張らなければその人が溺れてしまうと自分に言い聞かせ、明石の片隅で眠い目をこすりながら必死で受験勉強していた10代の時から、その決意は1ミリも変わっていません。

政治とは、名もなき「私たち」市民一人ひとりの意志にほかなりません。私たちがあきらめさえしなければ、政治の力で社会は変えられます。私たちにはその力があります。

私は政治をあきらめません。一緒に新しい時代を切り拓いていきましょう。

泉 房穂

1963年、兵庫県明石市二見町生まれ。県立明石西高校、東京大学教育学部卒業。

NHK、テレビ朝日でディレクターを務めた後、石井紘基氏の秘書を経て、1997年に弁護士資格を取得。2003年に民主党から出馬し衆議院議員に。

2011年5月から2023年4月まで明石市長を3期12年務め、「5つの無料化」に代表される子ども施策のほか、高齢者・障害者福祉などにも注力し、市の人口、合計特殊出生率、税収をそれぞれ伸ばして「明石モデル」と注目された。

著書に『社会の変え方　日本の政治をあきらめていたすべての人へ』(ライツ社)、『政治はケンカだ！　明石市長の12年』(講談社)ほか多数。

講談社＋α《プラスアルファ》新書 891-1 C

勝《か》ちにいく覚悟《かくご》

泉《いずみ》 房穂《ふさほ》

2025年6月24日第1刷発行

発行者――――― 篠木和久
発行所――――― 株式会社 講談社
東京都文京区音羽2-12-21 〒112-8001
電話 編集(03)5395-3522
販売(03)5395-5817
業務(03)5395-3615
デザイン――――― 鈴木成一デザイン室
編集協力――――― 荒井香織　大友麻子
章扉写真――――― 濱﨑慎治
カバー印刷――――― 共同印刷株式会社
印刷――――― 株式会社新藤慶昌堂
製本――――― 牧製本印刷株式会社

KODANSHA

ISBN978-4-06-535204-5

講談社+α新書

中学生から大人まで楽しめる 算数・数学間違い探し
芳沢光雄
中学数学までの知識で解ける「知的たくらみ」に満ちた全50問！ 数学的思考力と理解力を磨く
990円 861-1 A

昔は解けたのに…… 大人のための算数力講義
芳沢光雄
数的思考が苦手な人の大半は、算数で躓いている。いまさら聞けない算数の知識を学び直し
1320円 861-2 C

高学歴親という病
成田奈緒子
なぜ高学歴な親ほど子育てに失敗するのか？ 山中伸弥教授も絶賛する新しい子育てメソッド
990円 862-1 C

悪党 潜入300日 ドバイ・ガーシー一味
伊藤喜之
「日本を追われた者たち」が生み出した「爆弾告発男」の本当の狙いとその正体を明かす！
1100円 863-1 C

完全シミュレーション 台湾侵攻戦
山下裕貴
来るべき中国の台湾侵攻に向け、日米軍首脳は分析を重ねる。「机上演習」の恐るべき結末は――
990円 864-1 C

ナルコスの戦後史 ドラッグが繋ぐ金と暴力の世界地図
瀬戸晴海
ヤクザ、韓国反社、台湾黒社会、メキシコカルテル、世界の暴力金脈を伝説のマトリが明かす
1100円 865-1 C

The アプローチ スコアを20打縮める「残り50ヤード」からの技術
タッド尾身
タイガー、マキロイ、ミケルソンも体現した欧米式ショートゲームで80台を目指せ！
1100円 866-1 C

「山上徹也」とは何者だったのか
鈴木エイト
安倍晋三と統一教会は彼に何をしたのか、彼の本当の動機とは、事件の深層を解き明かしてゆく
990円 868-1 C

NG記者だから見えるもの
鈴木エイト
選挙、企業不祥事、宗教、医療問題……この国のタブーの現場で起きている本当のこととは？
1100円 868-2 C

在宅医が伝えたい 「幸せな最期」を過ごすために大切な21のこと
中村明澄
相続・お墓など死後のことだけでなく、じつは大切な「人生の仕舞い方」のヒントが満載
990円 869-1 B

「人口ゼロ」の資本論 持続不可能になった資本主義
大西広
なぜ少子化対策は失敗するのか？ 日本最大の難問に「慶應のマル経」が挑む、待望の日本再生論
990円 870-1 C

表示価格はすべて税込価格（税10％）です。価格は変更することがあります

講談社＋α新書

「エブリシング・バブル」リスクの深層 日本経済復活のシナリオ
エミン・ユルマズ 永濱利廣
日本株はどこまで上がるか？ インフレに私たちは耐えられるのか？ 生き抜くための知恵！
990円 880-1 C

なぜ「妻の一言」はカチンとくるのか？ 夫婦関係を改善する「伝え方」教室
岡野あつこ
約4万件の夫婦トラブルを解決した離婚カウンセラーのギスギスしないコミュニケーション術
990円 881-1 A

健康食品で死んではいけない
長村洋一
健康食品や医薬品の安全性の研究に従事する著者が、健康被害からわが身を守る方法を解説
990円 882-1 B

呼び屋一代 マドンナ・スティングを招聘した男
宮崎恭一
イケイケの1980年代に電通や大手企業と渡り合い来日公演を実現させ続けた興行裏面史！
1100円 883-1 D

なぜ倒産 運命の分かれ道
帝国データバンク情報統括部
船井電機、マレリ、イセ食品など名門・老舗企業の倒産が続発！ 日本企業のリアルな現実
1100円 884-1 C

なぜ、ゲストはリピートするのか？ テーマパークのプロの感動をつくり出す仕事
松本公一
お客様の心理に迫り集客力No.1のアトラクションを作ってきた著者が、ノウハウを明かす
1100円 885-1 C

企業インテリジェンス 組織を導く戦略的思考法
稲村悠
企業を襲う危機の対応から新規事業創出まで可能にする、インテリジェンス・サイクルの手法
1100円 886-1 C

子どもの人生が変わる放課後時間の使い方
島根太郎
社会に出ると重要な「人間力＝非認知能力」は、放課後の「余白」の時間からこそ生まれる
1100円 887-1 D

若者はＬＩＮＥに「。」をつけない 大人のためのＳＮＳ講義
高橋暁子
ＳＮＳが難しいのには理由がある。非対面、非同期に感覚の違い。その解さえわかれば大丈夫
1100円 889-1 C

何かがおかしい 「がん急増」の謎
森田洋之
いまこの国で増え続ける「謎の突然死」の実態とは？「医療ムラ」の不条理を告発する！
1100円 890-1 B

勝ちにいく覚悟
泉房穂
この男がついに政治の世界に帰ってくる。明石市でやった庶民に寄りそう改革を国でも実現
1100円 891-1 C

表示価格はすべて税込価格（税10％）です。価格は変更することがあります